Helga Gotthart
Seminar OB 55 H
Lichtenaustraße 22 a
82399 Raisting
Tel. (0 88 07) 82 33
Fax. (0 88 07) 46 49

ALS-Studio-Reihe 777

Ingrid Klettenheimer

THEMENBUCH
vom Kindergarten zur Grundschule

Herausgeber: Kreide, Dietzenbach
Idee, Text und Gesamtkonzept: Ingrid Klettenheimer, Karlsruhe
Die Themen Schneewittchen (Seite 274–275), Tänzerin (Seite 304–305) und Bäuerin (Seite 306) ließen Irena Kraft und Marianne Waldraff aus Eggenstein bearbeiten.
Fotos: Jiri Kohout, Horben; Jürgen Werner Photo-Design, Babenhausen; Robert Fischer, Darmstadt; ALS-Verlag GmbH, Dietzenbach; Foto Seite 14 © naturganznah.de
Layout: Ingrid Neelen, Düsseldorf
Herstellung: ALS-Verlag GmbH, Dietzenbach
Druck und Weiterverarbeitung: Parzeller GmbH & Co. KG, Fulda
Bestell-Nr. 29.777
ISBN 3-89135-137-2

Bibliografische Information Der Deutschen Bibliothek
Die Deutsche Bibliothek verzeichnet diese Publikation in der Deutschen Nationalbibliografie; detaillierte bibliografische Daten sind im Internet über <http://dnd.ddb.de> abrufbar.

Allgemeiner Lehrer-Service
ALS-Verlag GmbH
Postfach 14 40
63114 Dietzenbach

Tel.: 0 60 74/8 21 60
Fax: 0 60 74/2 73 22
http://www.als-verlag.de
e-mail: info@als-verlag.de

LEBENSWIRKLICHKEIT

Die in diesem Buch vorgestellten Arbeiten entstanden alle während meiner langjährigen Tätigkeit als Kooperationsbeauftragte zwischen Kindergarten und Grundschule und in vielen ersten Klassen, die ich unterrichtete.

In beiden Fällen ging es mir vor allem darum, die Kinder zu motivieren, mit Interesse, Freude, Neugier und Spannung ans Werk zu gehen und dabei ihre Lebenswirklichkeit bewusster wahrzunehmen, sich mit Details zu befassen, diesen sprachlichen Ausdruck zu verleihen und durch das Erlernen unterschiedlicher Techniken zu einem Repertoire zu gelangen, das anregend auf ihre eigene Kreativität wirken konnte.

Am wichtigsten erschien mir, dass die gewählten Themen der Lebenswirklichkeit der Kinder entstammen, denn alles Gestalten dieser Altersgruppe bezieht sich auf diese.

Einem solch wesentlichen Gesichtspunkt folgt auch der Aufbau des Buches. Er erhebt keinen Anspruch auf Vollständigkeit, gibt aber Anregungen in gestalterischer und technischer Hinsicht, um auf besondere Situationen durch Abwandlung der Themen eingehen zu können.

LERNZIELE

Alle Themen setzen beim Gestalten verschiedene Dinge in Bewegung. Das Arbeiten daran dient der Übung der manuellen Fertigkeiten, vermittelt unterschiedliche Materialerfahrungen, gewöhnt an ausdauerndes Arbeiten und führt zu selbstständigem Tun. Es schult das Farb- und Formempfinden, die Wahrnehmungsfähigkeit und regt die Fantasie an.

MÜNDLICHE KLÄRUNG

Sowohl im Kindergarten als auch im Anfangsunterricht sollte jede geplante Arbeit von der Thematik her ausführlich besprochen und mit verschiedenen sinnlichen Wahrnehmungen verbunden werden. Dabei fügen sich Wissensbruchstücke zu einem Ganzen zusammen und Vorstellungen klären, erweitern und vertiefen sich. Die reine Anschauung der Wirklichkeit hilft Kindern dieses Alters meist nicht weiter – erst verinnerlichtes „Wissen" schlägt sich in reichhaltigen und differenzierten Gestaltungen nieder.

Die Themen können also bei den Fünf- bis Siebenjährigen die gleichen sein, deren Bearbeitung aber wird dem jeweiligen Entwicklungsstand der Kinder entsprechen. So kann zum Beispiel die Darstellung eines wesentlichen Details im Lauf der Zeit erweitert werden, indem auch umgebende Dinge oder Binnendifferenzierungen hinzukommen.

Vor allem aber soll es jedem Kind Erfolgserlebnisse vermitteln, was wiederum Voraussetzung für anschließendes eigenes kreatives Tun ist. Dabei schränkt die genaue Themenstellung und die vorgegebene Technik die Kinder nur vordergründig ein: Die Erfolge ermutigen zu eigenständigen Versuchen und Umsetzungen, zu denen viele von ihnen sich sonst nie angeregt fühlen würden.

Ständiges Interesse des betreuenden Erwachsenen am Fortschreiten der Arbeiten tut das seine, um die Kinder zu detailreichem und sorgfältigem Gestalten anzuleiten. Viel Lob dafür ist eine weitere Voraussetzung für die Steigerung der gestalterischen Möglichkeiten und führt schließlich zu berechtigtem Stolz auf das fertig gestellte Werk.

TECHNIKEN UND ENTWICKLUNGSSTAND

Ein weiterer Schwerpunkt dieses Buches wurde auf das Vorstellen vieler unterschiedlicher Techniken gelegt. Der Reiz einer neuen Arbeitsweise wirkt auf Kinder dieser Altersstufe ausgesprochen motivierend, voller Spannung warten sie darauf, selbst tätig werden zu dürfen.

Wie weit die Entwicklung des Erkennens und Wiedergebens bei den einzelnen Kindern fortgeschritten ist, bleibt individuell unterschiedlich.

Fünfjährige sind jedoch durchaus in der Lage, verschiedene Techniken zu lernen und anzuwenden, wenn die Darstellungen auch ihrem individuellen Entwicklungsstand entsprechen. Dies beweist das Recht der Forderung, Kinder schon früh in einen gezielten Lernprozess einzubeziehen. Sie sind dazu fähig und sind stolz auf ihre Leistungen.

Dass auch eine Reihe von ausgestalteten Faltarbeiten bei den Vorschlägen aufgenommen wurde, hat folgende Gründe: Zum einen dient sauberes Falten einfacher Formen im Besonderen der Schulung der Feinmotorik, zum anderen ist durch die erzielte Größe der Faltarbeit auch die Größe der weiteren Ausgestaltung vorgegeben. Besonders beliebt sind Faltungen, die zu plastischen Gebilden werden und mit denen die Kinder stundenlang spielen können!

MITTEL

Die Bereitstellung der Mittel für die verschiedenen Techniken ist teilweise recht aufwändig, kann aber ganz nach Geschmack und eigenen Vorlieben von Erziehern und Lehrern abgewandelt und vereinfacht werden.

In jeder Gruppe oder Klasse sollte aber ein Grundstock an Materialien vorhanden sein, die bei den Themen im Einzelnen nicht mehr aufgeführt werden.

Was nicht zu kurz kommen sollte, ist die an die Arbeit anschließende gemeinsame Auseinandersetzung mit den Gestaltungen. Auch Fünfjährige sind schon erstaunlich aufmerksam und können recht kritisch reagieren, was die Fülle der Darstellungen und die Handhabung der Techniken betrifft. Dass diese Besprechungen keine abwertenden oder verletzenden Töne beinhalten, gehört zur Schulung des sozialen Verhaltens und sollte von Erziehern und Lehrern ganz bewusst verfolgt werden.

Hierzu gehören qualitativ hochwertige Deckfarbkästen und Borstenpinsel in verschiedenen Breiten (mindestens Nr. 6 und Nr. 14), Wasser- und Mischgefäße, Malschwämmchen, Unterlagen und Mallappen. Gut schneidende Scheren und Klebestifte sind ebenfalls Voraussetzung für viele der Arbeiten. Dicke Holzfarbstifte von guter Qualität und hochwertige Pastell-Ölkreiden (hier von Jaxon, 24 Farbtöne) gehören ebenso zur Grundausstattung wie Fasermaler mit dicker und dünner Spitze.

Die angegebenen Materialien und Formatgrößen dienen nur der Orientierung und können den Bedürfnissen und den zur Verfügung stehenden Zeiträumen angepasst werden. Auf Angabe der benötigten Zeiten bei den einzelnen Gestaltungen wurde verzichtet, da die Arbeitsgeschwindigkeit der einzelnen Kinder sehr unterschiedlich ist; trotzdem sollte jedes von ihnen die Möglichkeit bekommen, sein Werk zu Ende zu führen und schon dadurch einen Erfolg zu erleben.

INHALT

I. JAHRESZEITEN

Viele Kinder, die mit dem Tages- und Wochenrhythmus vertraut sind, beginnen sich meist auch für den Rhythmus des Jahreslaufs zu interessieren. Der Jahreskreis stellt einen festen und verlässlichen Rahmen dar, an dem sich Kinder orientieren können und der ihnen das Begreifen von längeren Zeiträumen ermöglicht. Die intensive Beschäftigung mit den Jahreszeiten schärft die Wahrnehmung der Kinder für die vielen Veränderungen, die sich in der Natur vollziehen.

Sie bemerken die unterschiedlichen Temperaturen, nehmen zu jeder Jahreszeit verschiedene Tiere wahr und erleben das Farbenspiel der Natur sehr bewusst. Bald verknüpfen sie automatisch verschiedene Ereignisse und Aktionen mit den Jahreszeiten. So können schon kleine Kinder zuordnen, dass die Bäume im Frühling blühen, dass man das Freibad im Sommer aufsucht, die bunten Blätter den Herbst begleiten und dass die Schneeballschlacht im Winter stattfindet.

EIN BUNTER SCHMETTERLING
Deckfarbenmalerei

MATERIAL
Zeichenpapiere DIN A3,
Deckfarben

DURCHFÜHRUNG

In der gemeinsamen Besprechung sollte bei der Betrachtung von Schmetterlingsabbildungen darauf hingewiesen werden, dass der Körper der Tiere dreigeteilt ist, die beiden Flügelpaare am Brustteil sitzen und die Muster der Flügel jeweils auf beiden Seiten gleich sind.

Am sichersten gelingt das geplante Bild, wenn die Kinder mit dem Schmetterlingskörper beginnen, diesen in die Mitte des Blattes setzen und ihn so groß wie möglich malen.

Bei der weiteren Gestaltung ist vor allem darauf zu achten, dass die Farben kräftig und mit wenig Wasser verwendet werden. Nur eine Vielfalt an Farben führt zu einem leuchtend bunten Ergebnis!

TIPP

Soll bei den Schmetterlingen mehr Wert auf Symmetrie gelegt werden, falten die Kinder das Blatt einmal in der Mitte und klappen es wieder auf. An die entstandene Falzlinie malen sie dann eine Schmetterlingshälfte, die sofort durch Zusammenklappen spiegelbildlich verdoppelt wird. Nur schwach abgedruckte Stellen können sie anschließend mit Farbe verdeutlichen.

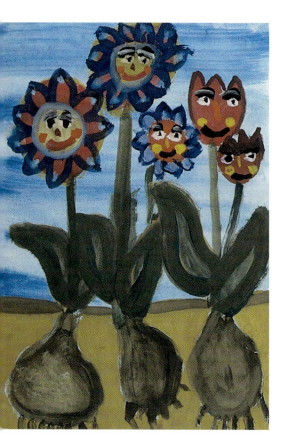

DIE BLUMEN ERWACHEN
Deckfarbenmalerei

MATERIAL
Zeichenpapiere DIN A3, Deckfarben, Schwamm

DURCHFÜHRUNG
Die Kinder grundieren das mit dem Schwamm befeuchtete Zeichenblatt hellblau, entfernen überschüssige Farbe ebenfalls mit dem Schwamm und lassen das Blatt trocknen.

In einer frei erfundenen Geschichte hören sie von einer Blumenfamilie unter der Erde, die durch die Wärme im Frühling aus dem Winterschlaf erwacht, sich dehnt und streckt, nach oben wächst und sich schließlich voll Freude die warmen Sonnenstrahlen ins Gesicht scheinen lässt.

Bei der Darstellung dieser Familie beginnen die Kinder bei den Zwiebeln und lassen Stängel und Blätter „emporwachsen".

Dafür mischen sie möglichst viele unterschiedliche Grüntöne. Für die leuchtenden Blüten können sie die verwendeten Farben auch mit etwas Deckweiß mischen, um den blauen Untergrund abzudecken.

16

EINE AMSEL LÄUFT DURCHS GRAS

Deckfarbenmalerei, Ölkreidezeichnung,
Polyblockdruck, Collage

DURCHFÜHRUNG

Die Kinder grundieren das Blatt mit vielfältigen ermischten Grüntönen und lassen es trocknen. Beim
anschließenden Zeichnen der Grashalme mit Ölkreiden versuchen sie, Farbkontraste zu erzeugen.

Nach genauem Besprechen und Betrachten von Am-
selabbildungen zeichnen die Kinder mit dem Kugelschreiber einen formatfüllenden Vogel auf die Poly-
blockplatte und verstärken die entstandenen Linien
durch Nachfahren.

Die auf der Glasplatte dünn gewalzte Linoldruckfarbe wird mit der Walze auf den Druckstock übertragen. Ein Zeichenblatt deckt ihn ab und wird mit
einer weiteren Walze angepresst (notfalls reicht
auch das Anreiben mit dem Handballen).

Die Kinder schneiden aus den getrockneten Dru-
cken ihre Amsel mit schmalem Rand aus und kleben
sie auf dem vorbereiteten Untergrund fest.

MATERIAL

Zeichenpapiere DIN A4, Deckfarben, Ölkreiden in
verschiedenen Grüntönen, Polyblock-Druckplatten
3 mm stark, Aqua Linoldruckfarbe in Schwarz, Glasplatte, Farbwalze mit 115 mm Nutzbreite, Andruckwalze 100 mm Nutzbreite, Zeitungsseiten zum
Unterlegen, Kugelschreiber, Scheren, Klebestifte

EIN TULPENBEET

Deckfarbenmalerei,
Faltschnitt, Collage

MATERIAL

Dunkelblaue Tonpapiere
25 x 35 cm, Zeichen-
papiere DIN A3, Post-
kartenzuschnitte DIN A6,
Deckfarben, Bleistifte,
Scheren, Klebestifte

DURCHFÜHRUNG

Die Kinder bemalen ein großes Zeichenblatt mit ermischten Rot- und Gelbtönen, ein weiteres halbes
Blatt mit vielfältigen Grüntönen. Während des Trock-
nens falten sie einen Postkartenzuschnitt der Länge
nach und zeichnen an die Falzlinie eine halbe Tul-
penform, die sie ausschneiden und als Schablone
weiter verwenden.

Sie umfahren die Tulpenschablone auf der Rückseite
des getrockneten gelb-roten Blattes so, dass die
Farbverläufe senkrecht liegen. Etwa acht Formen
reichen zur Füllung des Untergrunds.

Aus dem grün eingefärbten Papier schneiden sie
Stängel und Blätter, die am unteren Tonpapierrand
befestigt werden. Beim Anordnen der Blüten achten
die Kinder darauf, dass nicht alle direkt neben- oder
untereinander zu liegen kommen.

TIPP

Ein Blatt mit vielfältigen ermischten Rottönen lässt
sich auch auf andere Weise weiter verwenden. Bei
der Gestaltung eines Stadtbildes können daraus etwa die Dächer geschnitten werden oder die Kinder
setzen aus kleineren Teilen einen bunten Vogel oder
einen dekorativen Teppich zusammen.

VOGELNEST

Holzfarbstiftzeichnung, Materialcollage

schlagen. Sie versehen alle Tiere mit fein gezeichneten Federn, Schnäbeln und Augenformen in Schwarz und Weiß.

Haben sie die Vögel möglichst sorgfältig ausgeschnitten, befestigen sie die Jungen dicht nebeneinander hinter dem Nestrand und suchen dann auch für die Vogelmutter einen passenden Platz auf dem Untergrund.

MATERIAL

Schwarze Tonkartons DIN A4, dicke Jutegarnreste, Bastelmoos, hellbraune Tonpapiere, Holzfarbstifte in Gelb- und Brauntönen sowie in Schwarz und Weiß, Scheren, Marvin-Bastelkleber, Klebestifte

DURCHFÜHRUNG

Die Kinder legen einige Stränge des Jutegarns nebeneinander, befestigen diese mit Bastelkleber auf dem schwarzen Untergrund und teilen sie kurz über dem unteren Rand in zwei geschwungen auseinander laufende Hälften. In die entstandene Astgabelung setzen sie ein geformtes Nest aus Bastelmoos.

Auf hellbraunem Tonpapier entwerfen sie mit gelbem Stift eine große Vogelmutter und zwei bis drei Vogeljunge, die im Nest sitzen und mit den Flügeln

TIPP

Einfacher entsteht die Astgabel für das Nest aus braunen Filzstücken. Die Kinder können sie aber auch mit Wachsmal- oder Holzfarbstiften gestalten.

BLÜHENDER BAUM

Deckfarben-, Ölkreidenmalerei,
Ausgestaltung mit Fun Liner Magic

DURCHFÜHRUNG

Die Kinder färben ihr mit dem Schwämmchen angefeuchtetes Zeichenblatt hellblau und am unteren
Rand mit ermischtem Grün ein. Bei senkrecht liegendem Blatt führen sie dabei den Pinsel quer.

MATERIAL

Zeichenpapiere DIN A4, Deckfarben, Ölkreiden,
Fun Liner Magic in Weiß, Schwämmchen, Föhn

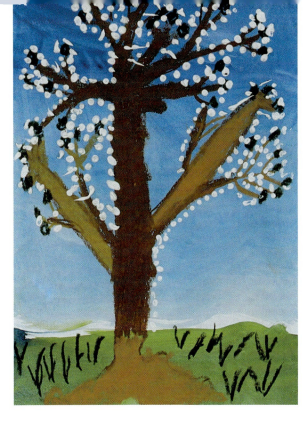

Nach dem Trocknen zeichnen sie einen möglichst formatfüllenden Laubbaum darauf, gestalten Stamm und Äste in verschiedenen Brauntönen und versehen ihn mit einer Vielzahl unterschiedlich grüner Blätter.

Mit dem Fun Liner schmücken sie die Krone schließlich mit nicht zu dünn aufgetragenen weißen Blüten. Diese plustern sich auf, wenn sie zum Schluss mit einem starken Föhn angeblasen werden. Danach dauert es aber noch sechs Stunden, bis die Blüten endgültig getrocknet und nicht mehr verformbar sind.

TIPP

Die Blüten können auch mit Deckweiß im Pinseldruckverfahren angebracht werden, wobei die Arbeit mit dieser Technik einen völlig anderen Charakter erhält.

21

SOMMERLANDSCHAFT
Malerei mit Schulmalfarben

MATERIAL
Weiße Zeichenkartons 40 x 60 cm,
Schulmalfarben

DURCHFÜHRUNG
Die Kinder besprechen, was eine Landschaft alles zeigen kann und was gleichzeitig den Sommer erkennen lässt. Dazu gehören blühende Blumen und Sonnenlicht, das alles durchflutet.

Ohne die Sonne selbst zu zeigen, wird ihr Licht durch die Verwendung leuchtender gelber Farbe überall sichtbar. Für die Kinder ist es am einfachsten, zunächst großflächig und deckend zu arbeiten und Einzelheiten, die ihre Landschaft zeigen soll, erst später hinzuzufügen.

Die Farben sind bereits in feuchtem Zustand übermalbar und erlauben ein zügiges Arbeiten ohne Trockenzeiten. Die Kinder werden dazu angehalten, Baumformen möglichst groß und detailliert darzustellen, Äste, Zweige und Blätter zu zeigen und Wiesenflächen mit einem getupften Blütenmeer zu überziehen.

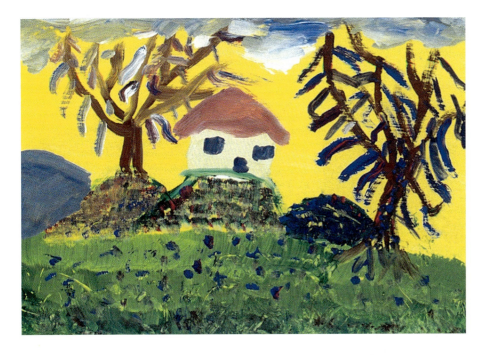

TIPP

Die flüssigen Malfarben aus der Kunststoffflasche eignen sich ganz besonders für expressive Gestaltungen, da sie nicht mehr verdünnt, sondern gleich aus Deckel oder Schälchen verwendet werden können. Die Technik führt vor allem bei sonst gehemmten Kindern zu überraschenden Ergebnissen.

23

MIT DEM ZUG IN DIE FERIEN
Wachsmalerei, Collage, Gruppenarbeit

DURCHFÜHRUNG

Jedes Kind gestaltet einen Wagen des Zuges, in dessen Fenstern Leute zu sehen sind, die sich freuen und winken – sie fahren nämlich in die Ferien!

Auf weißem Zeichenpapier entstehen zuerst zwei große Fensteröffnungen, in denen immer ein bis zwei Kinderköpfe und deren Körper bis etwa zur Brusthöhe zu sehen sind. Die winkenden Arme dürfen ruhig über die Fensteröffnungen hinausragen! Die Kinder füllen alle Flächen sorgfältig mit den Wachsmalstiften aus und bemalen schließlich auch noch den Fensterhintergrund mit einer hellen kontrastierenden Farbe.

Die ausgeschnittenen Fenster werden auf einem farbigen Tonpapierstück befestigt. Darüber kommt ein Tonpapierstreifen mit abgerundeten Ecken als Dach. An den unteren Rand kleben die Kinder die Pappkreise als Räder. Kleine Tonpapierpuffer vervollständigen die Waggons.

MATERIAL

Farbige Tonpapiere DIN A5, weiße Zeichenpapiere, farbige, an zwei Seiten abgerundete Tonpapierstreifen 4 x 2,5 cm, schwarze und graue Tonpapierreste, Kreisschablonen aus Pappe Ø 4 cm für die Räder, Bleistifte, Wachsmalstifte, Klebestifte, Scheren

TIPP

Alternativ können die Kinder auch einen Bus mit Insassen darstellen oder ein voll besetztes Auto, was der Realität meist mehr entspricht. Eine mit Deckfarben gemalte, helle Grundform lässt sich nach dem Trocknen gut mit Ölkreiden oder Wachsmalstiften weiter ausgestalten.

LEUCHTENDER BLUMENSCHMUCK

Naturpapiercollage

MATERIAL

Runde Scheiben aus glasklarer Fensterfolie Ø 11 cm, runde Formen für die Blütenböden Ø 3–3,5 cm, zwei Blütenschablonen, durchscheinende Naturpapiere (Bananenpapiere, Strohseide), Bleistifte, Scheren, Klebestifte

DURCHFÜHRUNG

Die Kinder schneiden aus kontrastierenden Tönen einer Farbfamilie die beiden Blüten und den Innenkreis aus und befestigen alle drei Teile nur in der Mitte mit Klebestift auf der Fensterfolie. Aus grünem Naturpapier, das vorher zusammengeklebt wurde, entstehen die Stängel mit jeweils zwei Blättern.

Die Blüten können nun mit Klebebandröllchen auf der Rückseite versehen werden und so einen leuchtenden Fensterschmuck bilden, der sich leicht wieder ablösen lässt.

TIPP

Mehrere Blüten auf einmal entstehen, wenn die Kinder einige Naturpapiere zwischen gefaltetes Kopierpapier legen, die Form aufzeichnen und alle Lagen zusammen ausschneiden.

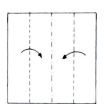

**1. Mittelbruch falten,
Blatt umdrehen,
beidseitig an den
Mittelbruch falten**

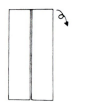

2. wieder umdrehen

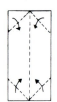

**3. alle vier Ecken
an den Mittelbruch
falten**

**4. zusammenklappen,
festkleben**

5. Schiffsform

UNTERWEGS IM SEGELBOOT

Faltarbeit, Filzstiftmalerei, Collage

MATERIAL

Goldfarbene, braune und Regenbogen-Faltpapiere
12 x 12 cm, hellblaue Tonpapiere DIN A4, weiße
Postkartenzuschnitte
7,5 x 10 cm, schmale
braune und goldfarbene
Papierstreifen, blaue
Wachsmalstifte, Faser-
maler, Scheren, Klebe-
stifte

DURCHFÜHRUNG

Mit quer liegendem blau-
em Wachsmalstift malen
die Kinder die Wasser-
fläche auf das hellblaue
Tonpapier.

Sie falten nach Anleitung zwei Bootskörper aus
braunem oder goldfarbenem Faltpapier und schmücken eine Seite mit einem kontrastierenden Streifen.
Für die Segel falten die Kinder ein Faltpapier diagonal, falzen an einer Spitze die Ecken zur Bruchlinie
zum „Drachen" und klappen die Form zusammen.
Diese kleben sie mit der Rückseite im Bootsinneren
fest. Formatfüllend gestalten sie die beiden „Boots-
führer" mit Fasermalern auf den weißen Kartonstücken, schneiden sie sorgfältig aus und befestigen
sie an den Vorderseiten der Beine in ihren Booten.

Die Boote ordnen die Kinder etwas in der Höhe versetzt auf ihrem Tonpapieruntergrund an, achten darauf, dass sie in der Wasserfläche liegen und kleben
sie fest. Kleine Fähnchen aus weißen Kartonresten
schmücken die Spitzen der Segel.

26

WIR HÜPFEN IM WASSER HERUM

Holzfarbstiftzeichnung, Collage

MATERIAL

ALS-Vario-Kartons „Wasser" 20 x 20 cm, hellgelbe
Aktendeckelkartonstücke 9 x 12,5 cm, Holzfarbstifte, Scheren, Cutter, Unterlage, Klebeband

DURCHFÜHRUNG

Auf Aktendeckelkartonstücke malen sich die Kinder
möglichst formatfüllend in Badebekleidung, ebenso
zwei bis drei Freunde oder Freundinnen. Sie zeichnen die Figuren erst mit gelbem Stift vor, da sich
diese Farbe am einfachsten wieder übermalen
lässt.

Sie schneiden die Figuren aus und ordnen sie auf
dem Vario-Karton an. Ein Erwachsener versieht die-

sen mit entsprechenden
Einschnitten und schiebt
die Kartonkinder so hin-
durch, dass nur noch ih-
re Oberkörper zu sehen
sind.

Die Figuren werden auf den Rückseiten der Arbeiten
mit Klebebandstreifen befestigt. Nun lassen sie sich
auf der Vorderseite etwas hochbiegen, wodurch
eine plastische Wirkung entsteht. Am unteren Rand
herausragende Fußformen werden abgeschnitten.

TIPP

Das Abschneiden der Füße kostet die Kinder meist
viel Überwindung. Eine andere Lösung wäre, das
Format des Vario-Kartons entsprechend zu vergrößern und den Vordergrund mit Wasserspielzeugen
zu füllen.

SEEROSENLICHTER
Moosgummi-Collage

MATERIAL
2 mm starke Moosgummiplatten in Dunkelgrün, Weiß und Rosa, Schablonen für das Seerosenblatt und zwei Blütenformen, Streifen aus rosafarbener Sternchenfolie 1,8 x 15 cm, Bleistifte, Scheren, Teelichter in Rot, Klebestifte, Reißzwecken

DURCHFÜHRUNG
Die Kinder umkleben ein Teelicht mit einem Folienstreifen.

Aus Moosgummistücken in entsprechenden Farben stellen sie mit Hilfe der verschiedenen Schablonen ein Blatt und zwei Blütenformen her, befestigen sie versetzt übereinander und fixieren darüber mit einer Reißzwecke das Teelicht.

Wenn die Lichter angezündet und die Seerosen im Dunkeln auf einen Teich gesetzt werden, treiben sie auf der Wasseroberfläche dahin und faszinieren Kinder wie Erwachsene!

BIENEN AM BIENENSTOCK

Wachsmalerei mit beweglichen Teilen

MATERIAL

Schwarze Tonkartons DIN A4, DICKI Metallic-Wachsmalstifte, gelbe Aktendeckelkartonstücke 9 x 5 cm, Schablonen für Bienenkörper und Flügelteil, schwarze gefaltete Tonpapierstreifen, weißes Bananenpapier oder weiße Strohseide, Makramee-Holzperlen natur Ø 15 mm, 7-mm-Bohrung, 4 cm lange Musterbeutelklammern, Holzfarbstifte, Scheren

DURCHFÜHRUNG

Nach genauer Besprechung zeichnen die Kinder mit einem Metallic-Stift einen möglichst formatfüllenden Bienenkorb auf den Tonkarton, lassen unten einen schwarzen Rand stehen, malen das Flugloch und füllen den ganzen Korb mit Streifen in unterschiedlichen Farbtönen.

Sie stellen drei Bienenkörper nach Schablone aus Aktendeckelkarton her und bemalen sie mit Holzfarbstiften. Nach dem Ausschneiden unterkleben sie diese mit zwei über Kreuz gelegten Flügelformen aus weißem Bananenpapier oder Strohseide. Braune V-Formen aus Tonpapier bilden die Fühler.

Die Kinder durchbohren die Bienen und den schwarzen Untergrundkarton mit dem Stichel. Danach schieben sie eine Musterbeutelklammer durch den Körper, dann durch eine Makramee-Perle und schließlich durch die Öffnung des Kartons, auf dessen Rückseite sie die Enden umbiegen. So sind die Bienen beweglich und lassen sich in alle Richtungen drehen!

TIPP

Ein in verschiedenen Grüntönen eingefärbter Zeichenkarton stellt einen guten Untergrund für gemalte und beweglich darauf verteilte Marienkäfer dar. In diesem Fall kann auf jede Schablonenform verzichtet werden.

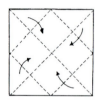

UNTERWEGS BEI REGENWETTER
Ausgestaltete Faltarbeit

MATERIAL

Schwarze Tonpapiere DIN A4, Streifen- und Pünktchen-Faltkreise Ø 9 cm und Ø 15 cm und Faltblätter 15 x 15 cm, Kreisschablone Ø 9 cm, gelbe, orangefarbene und rote Faltpapiere 15 x 15 cm, Pastell-Ölkreiden, Bleistifte, Scheren, Klebestifte

Stiefel

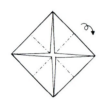

1. alle Ecken zum Mittelpunkt falten

2. umdrehen

3. Ecken zum Mittelpunkt falten

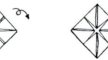

4. umdrehen

5. Ecken zum Mittelpunkt falten

6. festkleben

7. umdrehen

8. vier Taschen öffnen, nach außen falten

9. Form über der Mittellinie zusammenfalten

10. festkleben

DURCHFÜHRUNG

Die Kinder wählen ein quadratisches gemustertes Papier aus und falten es einmal diagonal. Dann falten sie die offene Spitze ein Stück nach innen und kleben sie fest. Die beiden seitlichen Spitzen werden als Arme nach unten gefaltet, dann befestigen sie das Gebilde ungefähr in der Mitte des schwarzen Untergrundpapiers.

Mit Ölkreiden malen sie über die Regenjacke einen großen Kopf mit detaillierten Gesichtszügen und

Für die Schuhe falten die Kinder aus einfarbigen Faltblättern einmal die Anfänge des „Dampfers" und schneiden die entstandene „Hemdform" in der Mitte zu zwei Stiefeln auseinander. Sorgfältig gemalte Regentropfen vervollständigen die Gestaltung.

Haaren. Unter dem Kleidungsstück ragen die Beine heraus, die möglichst formatfüllend dargestellt werden.

Der Schirm entsteht aus einem halbierten Faltkreis Ø 15 cm, den die Kinder einmal in der Mitte, dann zweimal zum Mittelfalz hin falten. Sie drehen die Arbeit um und bilden zwischen jeder der Faltlinien einen Gegenbruch. Gemalte Hände und ein Regenschirmstock verbinden die Figur mit ihm. Ein halbierter Faltkreis Ø 9 cm wird einmal gefaltet und an der runden Seite hochgebogen. So entsteht das Hütchen.

ERNTEDANKFEST-KRANZ
Faltschnitt, Collage, Gemeinschaftsarbeit

MATERIAL
Schwarzer Tonkarton DIN A2, tauchgefärbte Faltpapiere 10 x 10 cm, gelbe Tonpapierflechtstreifen
2 x 25 cm, Bleistifte, Scheren, Klebestifte

DURCHFÜHRUNG
Beim Betrachten verschiedener Obstsorten werden
die Kinder feststellen, dass einzelne Schalen oft
mehrere Farbtöne aufweisen.

Sie falten für jede Frucht vier Faltpapiere einer Farbe einmal in der Mitte, ein fünftes in einem etwas
helleren oder dunkleren Ton. Diese Papiere kleben
sie so übereinander, dass Mittelfalz auf Mittelfalz
liegt und sich das anders gefärbte an dritter oder
vierter Stelle befindet.

An die Falzkante zeichnen die Kinder formatfüllend
eine halbe Frucht oder zwei halbe Pflaumen, die sie
nach dem Ausschneiden auseinander klappen. Alle
Früchte werden zu einer ovalen Form zusammen-
geschoben und auf dem schwarzen Untergrund befestigt.

Im einfachen Faltschnitt hergestellte und nur hälftig
festgeklebte grüne Blätter runden die Gestaltung
ab. Die Ährenbüschel entstehen schließlich aus gelben, längs gefalteten Flechtstreifenstücken, die die
Kinder in kleinen Zacken einschneiden, ein Stück
des Stiels begradigen und in Gruppen unter die
Früchte kleben.

TIPP
Werden die Früchte aus einfarbigen Faltpapieren hergestellt, können sie einseitig vorsichtig mit Sprühlack in
einem etwas anderen Farbton besprüht werden. Dies
sieht vor allem bei etwas größeren plastischen Papier-
früchten gut aus.

KERZENLATERNEN

Collage aus Transparent- und Naturpapieren

MATERIAL

ALS-Laternen „Sechseck" mit Wachsmalkreidenpapieren, durchscheinende Naturfaserpapiere 10 x 6,5 cm für die Kerzen, Transparentpapiere in Gelb, Orange und Rot, Schablonen für den Schein und zwei Flammen, Bleistifte, Scheren, Klebestifte

DURCHFÜHRUNG

Die Kinder bekleben die sechs Ausschnitte ihrer Laterne auf der Rückseite mit einem Wachsmalkreidenpapier und drehen die beiden Laternenteile wieder um.

Nun kleben sie in jedes Feld am unteren Rand eine Kerzenform aus Naturfaserpapier. Darüber kommt ein gelber Schein aus Transparentpapier, gefolgt von einer größeren orangefarbenen und einer etwas kleineren roten Kerzenflamme.

Beim Zusammenfügen der einzelnen Laternenteile benötigen die Kinder die Hilfe eines Erwachsenen, dafür ist die Laterne rasch und einfach auszugestalten und wirkt sehr dekorativ.

TIPP

Noch schneller geht es mit schwarzgrundigen Laternenbausätzen, die nur vier zu gestaltende Seiten besitzen.

IGEL AUS KASTANIENHÜLLEN

Naturplastik

DURCHFÜHRUNG

Fast alle Esskastanienhüllen eignen sich, um daraus kleine Igel zu gestalten. Sie besitzen Schlitze, an welchen sie aufgeplatzt sind, um die Frucht freizugeben. In dem Schlitz, der am besten passt, befestigen die Kinder das Kartonschnäuzchen, indem sie es am hinteren Ende mit Klebstoff bestreichen und einfach hineinschieben.

Vorher falten sie die kleinen braunen Tonkartonstücke der Länge nach und legen an der Falzkante die Schablone an. Sie umfahren sie, schneiden die Form aus und bemalen sie beidseitig mit Augenformen. Zum Schluss fügen sie noch die schwarze Nasenspitze hinzu.

MATERIAL

Gut erhaltene Hüllen von Esskastanien, braune Tonkartonstücke 4 x 6 cm, Schablonen für das Schnäuzchen, weiße und schwarze Holzfarbstifte, Bleistifte, Scheren, Bastelkleber

HERBSTMÄNNLEIN

Materialplastik

MATERIAL

Je Figur eine mit der Eisenbügelsäge in drei Teile gesägte Toilettenpapierrolle, getrocknete Orangen-, Zitronen- und Pampelmusenscheiben, Mohnkapseln, getrocknete Beeren und Samenstände, Federn, Permanent-Marker in Gold, Schwarz und Rot, Fasermaler, Stichel, Schaschlikstäbe, Bastelkleber

DURCHFÜHRUNG

Die Kinder wählen je drei getrocknete Obstscheiben aus, durchbohren sie in der Mitte vorsichtig mit dem Stichel und führen einen Schaschlikstab hindurch, wobei sie immer ein Rollenstück aus Karton dazwischenschieben, dessen Ränder sie dick mit Bastelkleber bestrichen haben. Den Kopf bildet eine Mohnkapsel, die ebenfalls aufgespießt und geklebt wird.

Ist der Klebstoff gut getrocknet, können die Kinder ihre Figuren weiter ausschmücken. Die Gesichtszüge gestalten sie mit Permanent-Markern, die Rollenstücke mit Fasermalern in Herbstfarben. Ganz Geduldige können auch kleine Zweige oder Ähren anbringen.

Für den Kopfschmuck wählt jedes Kind schließlich etwas besonders Dekoratives, das wie ein imposanter Hut die Herbstmännlein krönen soll.

BAUM IM SCHNEE
Applikation

MATERIAL
Graue oder braune Tonpapiere DIN A5, dicke Wollfäden zum Teppichknüpfen in verschiedenen Brauntönen, Watte, Scheren, Klebestifte

DURCHFÜHRUNG
Auf einem Stück farbigem Tonpapier darf jedes Kind
seinen eigenen Baum „wachsen" lassen. Als Gestaltungsmittel dienen auseinander gezupfte Wollfäden,
die dicht nebeneinander auf das mit Klebestift ein-
gestrichene Blatt gedrückt werden.

Die Kinder beachten die Wuchsrichtung und legen
den Stamm breiter, die Äste schmaler an. Die Äste
müssen immer eine Verbindung zum Stamm haben!

Aus Wattekügelchen entsteht der Schnee, der nur oben in den Astgabeln und auf dem Boden liegt. Einzelne Schneeflocken können das Bild weiter ausschmücken.

TIPP

Die Bäume können auch aus Streifen naturfarbener oder brauner Mikrowellpappe aufgebaut, Schnee und Schneeflocken mit dem Fun-Liner-Magic-Stift in Weiß dargestellt werden.

SCHNEESTERNE

Ausgestaltete Faltarbeit

DURCHFÜHRUNG

Im ersten Arbeitsgang stellen die Kinder die Innenteile der Sternformen her. Mit Hilfe der Bierfilzschablone schneiden sie runde Formen aus dem Silberfolienpapier, die sie einmal in der Mitte, dann noch zweimal weiterfalten, bis eine spitze Tütenform entsteht. Aus der leicht gebogenen „Tütenöffnung" schneiden sie von Eck zu Eck einen tiefen Zacken aus und versehen die beiden Seitenteile mit verschiedenen Mustern in beliebiger Form. Nach dem Auseinanderfalten streichen sie die Sterne mit dem Fingernagel glatt und legen sie beiseite.

Für die beiden äußeren Sterne falten sie je zwei der weißen Papierquadrate einmal kreuzförmig, danach diagonal, klappen die Formen auf und schneiden sie an den Seitenmitten den Falzlinien entlang etwas mehr als die Hälfte zum Mittelpunkt hin ein. Dann formen sie mit den eingeschnittenen Teilen an den Diagonalen vier spitze Zacken und kleben sie fest.

MATERIAL

Quadrate aus weißem Papier 10 x 10 cm, beidseitig beschichtetes Silberfolienpapier, runde Bierfilzscheiben, Nadel, Perlonfaden, Bleistifte, Scheren, Klebestifte

Beim versetzten Befestigen der Sterne übereinander kommt die silberne Form in die Mitte, die geklebten Seiten liegen jeweils innen. Ein Erwachsener zieht durch jeden Stern an zwei Stellen den Perlonfaden und lässt einen Stern auf den anderen folgen. So lassen sich die Formen am Fenster ganz nach Wunsch anordnen.

PLASTISCHE SCHNEEMÄNNER

Papierplastik

DURCHFÜHRUNG

Die Kinder falten eines der weißen Kopierpapiere der Länge nach und zeichnen an die Falzkante einen halben Schneemann mit Bauch, Oberteil, Kopf und Arm. Er soll das Format möglichst ausfüllen.

Den ausgeschnittenen und aufgeklappten Schneemann zeichnen sie auf Zeichenpapier ab, bevor sie ihn wieder zusammenfalten, die Arme entfernen und ihn rundum etwas schmaler schneiden.

Nun kleben die Kinder zweimal vier längs gefaltete Kopierpapiere zusammen, legen an die Falzkanten der beiden Teile die übrig gebliebene Figurenschablone an und schneiden die Formen nach dem Umfahren aus.

Nach dem Auseinanderfalten kleben sie die Kinder beidseitig an den Schneemann aus Zeichenpapier. Ein kleiner Schnitt mit der Papierschneidemaschine am unteren Rand macht die Figuren standfest.

Den aus schwarzem Tonpapier doppelt geschnittenen Hut befestigen die Kinder an beiden Seiten des Kopfes, die ebenfalls doppelte Nasenform am mittleren Teil des aufgefalteten Gesichtes, die Klebepunktaugen links und rechts daneben. Der Besenstiel entsteht aus einem Kartonstreifen und die Besenborsten aus gelbem Seidenpapier.

MATERIAL

Weiße Zeichenpapiere und Kopierpapier DIN A5, schwarze, in der Mitte gefaltete Tonpapierstücke 5 x 16 cm und 8 x 8 cm, schmale dunkelbraune Tonkartonstreifen, 2 cm breite Tonkartonflechtstreifen in Orange und Rot, selbstklebende schwarze Markierungspunkte Ø 8 mm, gelbe Seidenpapierreste, durchsichtiges Klebeband, Papierschneidemaschine, Bleistifte, Scheren, Klebestifte

FISCH IM EISLOCH
Deckfarbenmalerei, Holzfarbstiftzeichnung, Collage

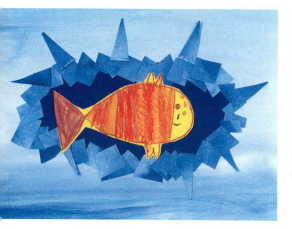

MATERIAL
Zeichenpapiere DIN A4, Deckfarben, dunkelblaue und gelbe Tonpapiere DIN A5, Holzfarbstifte in verschiedenen Rot- und Orangetönen und Schwarz, Scheren, Klebestifte

DURCHFÜHRUNG
Im ersten Arbeitsgang bemalen die Kinder zwei angefeuchtete Zeichenblätter mit der gleichen blauen Farbe, wobei sie diese einmal kräftiger, einmal sehr blass auftragen.

Nach dem Trocknen schneiden sie unter Anleitung in die Mitte des einen Blattes eine größere Öffnung, die sie mit dunkelblauem Tonpapier hinterkleben.

Aus dem zweiten Farbpapier stellen sie viele spitze und nicht zu kleine Schnipsel her, die sie rund um ihr Wasserloch in zwei bis drei Reihen befestigen.

Auf gelbem Tonpapier malen sie einen leuchtenden Fisch mit sorgfältig angelegten Mustern in seinem Inneren. Nach dem Ausschneiden mit schmalem Rand findet das Tier im dunkelblauen Wasser seinen Platz.

SCHLITTERN
Schwarze Holzfarbstiftzeichnung, Collage

DURCHFÜHRUNG

Die Kinder zeigen, welche Haltung sie beim Schlittern einnehmen. Dabei sind die Beine leicht gespreizt und die Arme waagerecht ausgestreckt. Zwei bis drei schlitternde Figuren sollen mit Holzfarbstiften auf Zeichenpapier dargestellt werden. Dabei muss das Anlegen der Köpfe überprüft werden, damit diese nicht zu klein ausfallen!

Das Darstellen detailreicher Gesichtszüge wird ausführlich besprochen und dabei auf schöne Kleidermuster aufmerksam gemacht. Die möglichst sorgfältig ausgeführten Figuren schneiden die Kinder anschließend mit einem schmalen weißen Rand aus.

Sie erhalten vorbereitete Blätter mit einem dunkleren Streifen Tonpapier als Himmel und einer sich nach vorne hin verbreiternden Schlitterbahn aus Alufolie, die jeweils an den seitlichen Rändern nach hinten

MATERIAL

Weiße Zeichenpapiere, hell- und dunkelgraue Tonpapiere DIN A4, schwarze Holzfarbstifte, Alufolie, Scheren, Klebestifte

gefaltet und dort festgeklebt ist. Darauf ordnen sie ihre Figuren so an, dass sie richtig in Bewegung erscheinen und befestigen sie mit dem Klebestift. Freie Stellen des Blattes füllen sie zum Abschluss mit Schneeflocken, kahlen Bäumen oder schwarzen Vögeln.

TIPP

„Schlittschuhlaufen auf dem zugefrorenen See" kann in der gleichen Technik dargestellt werden.

MEIN SCHÖNER SCHNEEMANN
Ölkreidenmalerei

MATERIAL
Dunkelblaue Ton-
papiere DIN A3,
Pastell-Ölkreiden

DURCHFÜHRUNG
Der erste Schnee des Jahres führt meist dazu, dass
die Kinder versuchen, einen Schneemann zu bauen.
Dieses Erlebnis und die Freude daran beflügelt sie,
auch größere Formate zu bearbeiten und viel Aus-
dauer aufzubringen. Ziel ist es, den Schneemann so
groß darzustellen, dass er das Format möglichst
füllt.

Ein Kind in bunter Winterkleidung als „Erbauer" sollte
auch zu sehen sein und nicht zu klein ausfallen.
Häuser und Bäume können dann noch größere freie
Stellen des Blattes füllen.

Sorgfältig gemalte Schneeflocken lassen die Darstellungen schließlich lebendig wirken und verleihen
ihnen einen individuellen Ausdruck.

TIPP
Wird der Untergrund mit einem schräg angelegten
Schneehügel versehen, können darauf Skifahrer und
rodelnde Kinder dargestellt werden.

SKIFAHRER AUF SPATELSKIERN

Kartonplastik

MATERIAL

Weiße Zeichenkartonstücke 21 x 16 cm, farbige Tonkartonreste, Schablonen für Fußteil und Stockteller, Schaschlikstäbe, Lineal, Falzbein, große Holzspatel 150 x 17 mm, Bleistifte, Holzfarbstifte, Fasermaler, Scheren, Alleskleber

DURCHFÜHRUNG

Die Kinder legen eine Beinschablone an den unteren Rand eines weißen Kartonstücks und umfahren sie. Ein Erwachsener ritzt die Form oberhalb der Füße sowie an den Oberschenkeln und biegt den Karton an dieser Stelle etwas nach vorn.

Die Kinder bemalen die Skihose und die Stiefel und fügen einen selbst gestalteten Oberkörper mit ausgestreckten Armen hinzu. Ein großer Kopf zeigt sorgfältig gestaltete Gesichtszüge, nachdem er vorher mit einem Holzfarbstift in Gesichtsfarbe eingefärbt wurde. Auch Mütze und Schal sollten nicht fehlen.

Nun hinterklebt ein Erwachsener die Figur plan mit einem stabilisierenden Karton – nur an den Beinen werden die beiden Kartons nicht mit Kleber verbunden. Nach dem Ausschneiden bemalen die Kinder auch die Rückseite ihrer Figur. Anschließend ziehen sie die nicht zusammengeklebten Kartonteile der Beine etwas auseinander und kleben sie so auf die Holzspatel, dass der Skifahrer stabil steht. Die Skistöcke entstehen aus gekürzten Schaschlikstäben, die kleinen Stockteller werden aus Tonkarton zugeschnitten.

II.
BESONDERE
FESTE

Neben dem Wechsel der Jahreszeiten strukturiert sich für Kinder das Jahr auch durch den immer wiederkehrenden Kreislauf von Festen und Feiern zu einer bestimmten Zeit. Die Jahresfeste basieren häufig auf den Jahreszeiten und auf religiösen Elementen. Das Feiern solcher Feste macht es möglich, eine bestimmte Stimmung z. B. durch Zimmerdekorationen, Lieder, Gedichte und Tänze immer wieder neu entstehen zu lassen. Kinder freuen sich meist auf die besonderen Tage des Jahres und sind Feuer und Flamme, wenn es darum geht, Ostereier zu bemalen, Laternen zu basteln oder in der Adventszeit Krippenspiele einzuüben. Auch der Geburtstag stellt einen Dreh- und Angelpunkt im Leben eines jeden Kindes dar. Schließlich zeigt die Anzahl der erlebten Geburtstage an, dass man allmählich „erwachsen" wird. Im Allgemeinen ist die Vorfreude der Kinder auf besondere Tage mit den damit verbundenen Feiern und eventuellen Geschenken sehr groß.

FASCHINGSUMZUG
Farbige Filzstiftzeichnung

MATERIAL
Zeichenpapiere guter Qualität DIN A4,
Fasermaler

DURCHFÜHRUNG
Der beste Ausgangspunkt für die Gestaltung ist das
Erleben eines Fastnachtsumzuges. Aber auch im
Fernsehen sind jedes Jahr eindrucksvolle Bilder da-
von zu sehen.

Dabei fallen meist die stark stilisierten Masken und
farbenfrohen Kostüme der alemannischen Fast-
nacht auf. Aber auch überdimensionierte Figuren
mit riesigen Schwellköpfen ziehen nicht nur erwachsene Zuschauer in ihren Bann. Bei den Kindern am
beliebtesten sind aber doch immer noch Umzugs-
wagen, von denen es Konfetti, Bonbons oder kleine
Geschenke regnet!

Die Kinder sollen das Format füllen. Dabei ist es
wichtig, dass sie mit möglichst groß dargestellten
Teilnehmern am Faschingsumzug beginnen und diese detailliert darstellen. Frei gebliebene Stellen können dann die begeisterten Zuschauer zeigen, die
die Straße beidseitig säumen.

Während der Arbeit sprechen die Kinder immer wieder über ihr Bild und erläutern, was sie mit den einzelnen Zeichen meinen. Neben Ideenreichtum, Formenfülle und ansprechender Unterteilung des Blattes trägt auch die Sauberkeit der Ausführung wesentlich zur Gesamtwirkung bei.

TIPP

Eine Variante wäre, die Kinder eine Clownskapelle oder einen Fanfarenzug aufmarschieren zu lassen. Hierbei müsste dann vor allem auf die unterschiedliche Darstellung der Teilnehmer (Größe, Frisur, Körperumfang usw.) geachtet werden.

KARTONMASKEN AUS STANZFORMEN

Seidenpapiercollage

Die Kinder drücken die vorgestanzten Masken aus dem weißen Karton, biegen die Nasen in Form und kleben sie in den dafür vorgesehenen Öffnungen fest. Dann beziehen sie die ganze Maske mit Seidenpapierschnipseln, sodass keine weißen Stellen mehr zu sehen sind.

Durch Umkleben mit Dreiecken, Rechtecken oder Streifen betonen die Kinder Augen- und Mundöffnungen, am besten in zwei kontrastierenden Farbtönen.

Die Frisuren entstehen am wirkungsvollsten aus Seidenpapierstreifen, die die Kinder doppelt nehmen und am geschlossenen Ende wie ein Bonbonpapier verdrehen. Dadurch gewinnen die „Haare" an Stabilität.

Die gelochten Masken werden mit doppelt genommenen Gummibändern versehen und in Form gezogen. Nun können sie von den Kindern getragen werden.

MATERIAL

Masken zum Selbstgestalten, Seidenpapiere, 2 cm breite Seidenpapierbänder, Folien- und Tonpapierreste, dünnes Gummiband von der Rolle, Stichel, Klebestifte, Scheren

KLEINE FASTNACHTER

Kartonplastik

MATERIAL

Schwarze Tonkartons DIN A4, Luftschlangenrollen in verschiedenen Mustern, gelbe Tonpapiere 8 x 18 cm, in der Mitte gefaltet, Schablonen für Körper und Kopf, Bleistifte, Fasermaler, weiße Holzfarbstifte, Lineal, Falzbein, Stichel, Bastreste in verschiedenen Farben, Klebestifte, Scheren

DURCHFÜHRUNG

Die Luftschlangenrollen werden vorsichtig geöffnet, damit möglichst breite Streifen aneinander haften bleiben. Die

Kinder bestreichen den schwarzen Karton mit Klebestift und drücken die Luftschlangenteile möglichst ohne Lücken darauf und reiben sie an. So bekleben sie nach und nach das ganze Blatt.

Sie zeichnen auf der Rückseite die Körperschablone ab, die ein Erwachsener an vier Stellen falzt. Nach dem Ausschneiden kleben die Kinder die Form oben am Hals zusammen.

Die nach Schablone doppelt geschnittene Kopfform „schminken" sie mit kräftigen Farben. Wichtig ist die Betonung von Augen und Mund. Den fertig bemalten Kopf kleben sie beidseitig am Hals der Körperform fest. Sie schneiden einige Bastfäden zurecht, legen sie zu einem Büschel zusammen und befestigen sie mit einem weiteren Baststück am Kopf, durch den sie mit dem Stichel ein Loch gebohrt haben.

FASCHING BEI DEN VAMPIREN
Kratzzeichnung

MATERIAL
Regenbogen-Schabekartons 28 x 22 cm,
Holzschabegriffel

DURCHFÜHRUNG

Ganz wichtig ist es am Anfang, dass die Kinder die Köpfe groß genug anlegen und an die richtigen Stellen setzen. Sie fahren deshalb die Formen erst nur mit dem Finger auf dem Karton vor und lassen sie überprüfen.

Die Vampirversammlung sollte das Format füllen. Bestechende Leuchtkraft erhalten die Figuren, wenn sie möglichst großflächig ausgeschabt werden.

Größere schwarze Stellen der Arbeit können die Kinder zum Schluss noch durch Luftschlangen oder Konfetti strukturieren.

TIPP

Schabeuntergründe lassen sich auch selbst herstellen. Die erzielte Wirkung ist dann zwar nicht so perfekt, kann aber auf andere Weise reizvoll sein. Die beste Methode ist, das gesamte Blatt lückenlos mit hellen Wachsmalstiften in verschiedenen Farbtönen zu bemalen und die Arbeit anschließend mit schwarzer Plaka-Farbe zu überziehen.

EIN BUNTES OSTERNEST

Deckfarbenmalerei, Collage

MATERIAL

Zeichenpapiere DIN A4, Deckfarben, Transparent-Entwurfblock, weißes Blatt Papier mit Eiformen in drei verschiedenen Größen (Schablonen), gesammelte Farbpapiere aus Zeitschriften, Vario-Kartons „Heu" 5–8 x 25 cm, schmale Glanzpapierstreifen in leuchtenden Farbtönen, Klebestifte, Scheren

DURCHFÜHRUNG

Die Kinder färben ein vorher befeuchtetes Blatt jeweils etwa zur Hälfte mit Grün und Blau ein. Nach dem Trocknen kleben sie auf den Rasen eine Nestform, die sie aus einem Streifen Vario-Karton zurechtgeschnitten haben.

Ein Erwachsener hat für jedes Kind das Blatt mit den Eiformen auf Transparent-Entwurfspapier kopiert. So können die Eier ohne Rücksicht auf ihre Ränder beklebt werden, da diese ja auf der Rückseite noch zu sehen sind.

Die Kinder wählen drei bis vier Papiere einer Farbe aus, reißen sie in Schnipsel und bekleben damit ein Ei vollständig. Ebenso, aber in anderen Farbtönen, gestalten sie dann auch die übrigen Eier.

Nach dem Ausschneiden bringen sie schmückende Streifen aus Glanzpapieren an, bevor sie die Eier mit Überschneidungen in ihrem Osternest befestigen.

TIPP

Kreise statt der Eiformen können zu Bällen werden, mit denen ein Clown jongliert. Aus beklebten und in Form geschnittenen Transparentstreifen lassen sich auch einfache, aber lebendig wirkende Landschaftsbilder aufbauen.

OSTERFENSTER ZUM HÄNGEN
Collage

DURCHFÜHRUNG

Um ein stabiles Gebilde zu erhalten, das von beiden Seiten gleich attraktiv ist, gestalten die Kinder zwei Fensterteile, die sie später zusammenfügen können.

Zunächst schneiden sie sechs der vorbereiteten Tonpapierstreifen zackenförmig ein und befestigen sie am unteren Rand der Fenstersprossen.

Eine Häschenform aus braunem Karton und acht bis neun Eiformen genügen, um die Fensterausschnitte zu füllen. Die Kinder kleben die Einzelteile unter Mithilfe eines Erwachsenen hinter die Grasstreifen des einen Fensterteils, bevor sie beide Stanzformen aneinander befestigen.

Wenn ein Erwachsener die Grasbüschel noch leicht über eine Schere oder den Daumennagel zieht, wölben sich diese leicht nach außen und lassen die Arbeit plastischer erscheinen.

TIPP

Die Fenster können auch mit stilisierten Engeln oder Sternformen gefüllt werden, kleine Masken und Luftschlangen aufnehmen oder als Rahmen für eine Bildergeschichte fungieren. Wenn sie im Raum aufgehängt werden sollen empfiehlt es sich, sie doppelt zu verwenden.

MATERIAL

Je zwei weiße Stanzfensterformen, Schablonen für zwei Eiformen und ein Häschen, Perlgarn, Bleistifte, braune Tonkartonstücke, Regenbogen-Tonpapier, hell- und dunkelgrüne Tonpapierstreifen 5–7 x 21 cm, Klebestifte, Alleskleber, Scheren

GEBATIKTE OSTEREIER

Tropfbatik

MATERIAL

Große ausgeblasene weiße Hühnereier, Schaschlikstäbe, feiner Kreuzschlitzschraubenzieher, Jogurtbecher, Haushaltskrepp, weiße Haushaltskerzen, Streichhölzer, Unterlagen, Eierkaltfarben, Perlgarn, heißes Wasser oder Föhn, Scheren

DURCHFÜHRUNG

Die ausgeblasenen Eier müssen eine Öffnung haben, durch die sich ein Schaschlikstab schieben lässt. Ein Erwachsener kann sie bei Bedarf mit einem Schraubenzieher vorsichtig erweitern.

Die Kinder halten in einer Hand schräg die brennende Haushaltskerze, in der anderen das Ei auf dem Holzspieß und lassen nun das Wachs darauf tropfen, während sie den Stab langsam drehen. Dann reichen sie die Kerze weiter.

Mit dem Schaschlikstab als Griff tauchen sie ihr Ei in einen Jogurtbecher mit der Eierfarbe und bewegen es vorsichtig darin. Je mehr Geduld sie dabei zeigen, desto intensiver wird die Färbung.

Die Eier werden in heißes Wasser getaucht oder mit dem Föhn angeblasen. Das erweicht die Wachstropfen, die sich nun durch vorsichtiges Reiben mit Haushaltskrepp entfernen und ein schönes weißes Muster erkennen lassen.

An einem abgeschnittenen Streichholzstückchen befestigt ein Erwachsener einen doppelt genommenen Perlgarnfaden, bevor er es in die obere Eiöffnung schiebt und mit einem Knoten gleich darüber sichert.

OSTERHUHN
Deckfarbenmalerei, Collage

DURCHFÜHRUNG
Mit weißer Deckfarbe malen die Kinder zuerst Kopf und Körper des Huhns in die Mitte des Blattes und legen darüber einen blauen Himmelsstreifen an.

Sind die beiden Farben etwas angetrocknet, füllen sie den Rest des Kartons mit wässrig verwendetem Grün, das sie mit dunkleren Tupfen oder Strichen gestalten.

Das Huhn erhält nun Kamm, Schnabel und Auge, Flügel, Schwanzfedern und Beine. Die Kinder versuchen, die Farben für diese Partien möglichst rein zu verwenden.

Mit Hilfe von Schablonen aufgezeichnete und ausgeschnittene Eier aus gemusterten Tonpapieren werden dicht neben- und übereinander am unteren Bildrand angeordnet.

TIPP
Die Eiformen können auch mit einfarbig gestalteten Eiern gemischt werden und ein Osternest füllen. Den Platz des Huhns kann auch ein Häschen einnehmen. In diesem Fall wäre es einfacher, die Eier anzuordnen, da nur der Oberkörper des Tieres zu sehen sein muss.

MATERIAL
Zeichenkartons 35 x 35 cm, Deckfarben (Riesentemperablöcke in den Grundfarben), Pünktchen- und Streifentonpapier, Eierschablonen, Bleistifte, Klebestifte, Scheren

KARTONHÄSCHEN MIT MOOSGUMMIKLEIDUNG
Collage

MATERIAL

Braune Kartonstücke 10 x 15 cm, Bleistifte, Holzfarbstifte, Fasermaler, Moosgummiplatten, kleine
runde Moosgummistanzteile, Klebestifte, Scheren

DURCHFÜHRUNG

Die Kinder entwerfen auf braunen Kartonstückchen
einen möglichst formatfüllenden Hasen mit langen
Ohren und ausgestreckten Armen und Beinen.

Die Gesichtszüge entstehen wahlweise aus geklebten oder gemalten Teilen. Damit die Kleidung maß-
genau passt, umfahren die Kinder ihr Häschen auf
einem farbigen Moosgummiteil, das in Form geschnitten und auf dem Körper festgeklebt wird. Auf
diese Weise wird das Vorder- und Rückenteil des
Hasen gestaltet.

Moosgummireste können zu Gürteln werden. Einfacher lässt sich die Kleidung mit Fasermalern weiter
gliedern.

ROLLENHASEN

Kartonplastik

MATERIAL

Je zwei Toilettenpapierrollen, Scheren, Bastelkleber, Kartonstücke 7,5 x 5,5 cm für die Fußteile, halbierte Postkartenzuschnitte, Tonpapiere in Grau- und Beige-tönen, Bleistifte, Eisenbügel-säge, Kopierpapierreste, selbstklebende Markierungs-punkte in Weiß Ø 15 mm und in Schwarz Ø 8 mm, weiße, rote und schwar-ze Holzfarbstifte

DURCHFÜHRUNG

Die Kinder erhalten je zwei unterschiedlich lange, mit der Eisenbügelsäge gekürzte Papprollen. Die längere wird zum Hasenbauch, der auf eine frei zugeschnittene Fußform geklebt wird.

Die kürzere Rolle schneiden die Kinder einmal der Länge nach durch und befestigen sie mit den Schnittstellen am Körper.

Auf der längs gefalteten Hälfte eines Postkarten-zuschnitts entwerfen sie eine Hasenohrform, die sie nach dem Ausschneiden aufklappen und auf ein Stück Tonpapier übertragen. Diese Ohren kleben sie schließlich an die Rückseite der Kopfform.

Aus doppelt liegendem Tonpapier schneiden sie die Pfötchen aus. Augen und Nase entstehen aus Mar-kierungspunkten, die Schnurrhaare aus eingeschnit-tenen Kopierpapierstücken. Das Mäulchen kann ein-fach aufgemalt werden.

TIPP

Aus Papprollen können die unterschiedlichsten Tiere wie Hunde, Eulen, Mäuse, Katzen oder Vögel ent-stehen. Es lohnt sich also, sie zu sammeln!

OSTERWIESE

Collage,
Filzstiftmalerei

MATERIAL

Hellgrüne Tonpapiere
DIN A4, dunkelgrüne
Tonkartonstreifen und Tonpapiere, Postkartenzuschnitte,
rote Tonpapiere, kopierte Eifor-
men auf weißem Papier, Fasermaler, Klebestifte,
Bleistifte, Scheren

DURCHFÜHRUNG

Ein zunächst an den Ecken abgerundetes und dann
zackig eingeschnittenes Tonpapier bildet das Rasenstück.

Die Kinder entwerfen auf dem Postkartenzuschnitt
die Blütenform einer Tulpe, die sie nach dem Ausschneiden als Schablone weiter verwenden. Jede
Blüte aus rotem Tonpapier erhält einen stabilen grünen Stängel, mit welchem sie auf
dem Rasen befestigt wird. Blätter ergänzen die Gestaltung.

Einige mit Fasermalern
bunt gemusterte Ei-
formen schmücken
die Arbeit weiter
aus.

TIPP

Nach dem gleichen Prinzip kann eine Sommerwiese
dargestellt werden. Mohn-, Kornblumen- und Marge-
ritenblüten gestalten, statt der Ostereier befinden
sich Marienkäfer im Gras.

MIR WIRD GRATULIERT
Ölkreidenmalerei

MATERIAL
Schwarze Tonpapiere
30 x 30 cm,
Pastell-Ölkreiden

DURCHFÜHRUNG

Das geplante Bild soll das Geburtstagskind mit einem Gratulanten zeigen.

Damit das Format gefüllt wird, sollte ein Erwachsener vor allem Position und Größe der Köpfe überprüfen, die die Kinder danach mit festem Druck ganz in Hautfarbe ausmalen. Sie fügen auch Hals und Ohren hinzu.

Anschließend gestalten sie die Kleidungsstücke sowie Arme und Beine, die bis zum unteren Rand reichen. Bei allen gemalten Flächen sollte der Untergrund nicht mehr durchscheinen.

Beim Malen von Frisuren und Gesichtszügen achten die Kinder darauf, kontrastierende Farben zu verwenden.

Sie können auch die Kleidungsstücke weiter aus-schmücken. Freie Stellen füllen sie mit einem Geburtstagstisch, mit Blumen und Geschenken.

TIPP

Eine Abwandlung der Technik wäre das Malen mit Zuckerkreide. Hierfür werden 2–3 TL Zucker in ca. 1 Tasse warmen Wasser aufgelöst und bunte Tafel-kreidestücke für einige Stunden hineingelegt. Die herausgefischten und zum Abtropfen auf Küchen-krepp gelegten Kreiden können sofort verwendet werden. Die Farben sind weich, haften gut und er-zielen ganz besondere Effekte.

EINLADUNGSKARTEN
Collage

DURCHFÜHRUNG

Die Mitte des oberen Kartendrittels wird dick mit Klebestift eingestrichen und darauf ein Tassendeckchen als Blütenboden befestigt. Es folgen der Stängel und die Blätter.

Am einfachsten lässt sich die Blüte nun durch zwei kreuzförmig angeordnete Buntpapierstreifen unterteilen, über welche ein zweites „Papierkreuz" geklebt werden kann. Aber auch kleine, von Streifen abgeschnittene Papierrechtecke sind gute Gestaltungsmittel.

Wichtig ist, dass nur die Buntpapiere und nicht die Tassendeckchen mit Klebstoff bestrichen werden! Letztere lösen sich sonst leicht in ihre Bestandteile auf.

Die kopierte Geburtstagseinladung befindet sich im Inneren der ganz individuell gestalteten Klappkarten.

MATERIAL
Color-Klappkarten in verschiedenen Farbtönen, farbige Tassendeckchen, Glanzpapierstreifen und -reste, grüne Papiere in zwei Farbtönen, Klebestifte, Scheren

TIPP
Die Karten können auch für viele andere Anlässe Verwendung finden. Noch einfacher ist ihre Herstellung, wenn runde Blütenböden in kontrastierenden Farbtönen aufgeklebt werden.

GEBURTSTAGSKERZEN
Wachsmalerei

MATERIAL

Weiße Stumpenkerzen 15 cm hoch, Ø 5 cm, Kerzen-Pen in verschiedenen Farbtönen

DURCHFÜHRUNG

Werden die Kerzen am Docht leicht schräg auf einer Unterlage gedreht, lassen sie sich am leichtesten bemalen.

Die Kinder dürfen die Kerzen frei gestalten. Eine Hilfe kann es sein, diese zuerst der Länge nach zu gliedern.

Das aufgetragene Flüssigwachs benötigt einige Stunden, um grifffest zu trocknen.

63

TISCHKARTEN
AUS PAPPSCHACHTELROHLINGEN
Kartonplastik

MATERIAL

Weiße Faltschachteln 79 x 79 x 39 mm, Tonpapierstücke in Gesichtsfarbe 8 x 8 cm und 2 cm breite
Streifen, Wachsmalstifte, zwei Schablonenformen
für die Namenskärtchen, farbige Tonkartonstücke
15 x 9 cm, Postkartenzuschnitte, selbstklebende
Markierungspunkte in verschiedenen Größen und
Farben, Scheren, Bleistifte, Klebestifte, Alleskleber

DURCHFÜHRUNG

Die Kinder bemalen auf der grauen Seite der Stanz-
form die vier schmalen Seitenteile mit Wachsmalstiften, bevor ein Erwachsener die Grundform so zu-
sammenklebt, dass das Schachtelinnere nach außen
weist. Hierbei bleibt die Oberseite der Schachtel
offen, und an der Bodenseite werden die kleinen
Seitenlaschen nicht mit eingeklebt, sodass sie als
„Füße" außen stehen bleiben.

Mit gelbem Stift zeichnen die Kinder einen formatfüllenden Kopf mit Hals und Ohren auf das Tonpa-
pierquadrat, versehen ihn mit Frisur und Gesichtszügen und befestigen ihn nach dem Ausschneiden
auf dem Schachteldeckel.

Zwei Innenteile werden zu Beinen, die anderen beiden zu Armen, die rosa Tonpapierstreifen als Hände
schmücken. Klebepunktmuster verzieren den oberen Schachteldeckel und die Namenskärtchen.

Diese stellen die Kinder aus Karton her und kleben
sie nur auf einer Seite fest. So lassen sie sich hoch-
klappen und die Schachteln mit kleinen Überraschungen füllen.

TIPP

Die Schachteln bieten vielerlei Gestaltungsmöglich-
keiten. Es lassen sich Häuser, Tiere und menschliche Figuren daraus herstellen, wenn sie entsprechend aufgebogen oder beschnitten werden.

Besser zu bemalen ist aber immer die Innenseite.
Die Schachteln sollten deshalb gewendet zusammengeklebt werden.

RIESENRAD BEI NACHT
Schwarze Holzfarbstiftzeichnung, Collage

MATERIAL

Dunkelblaue Tonpapiere 21 x 23 cm, farbige Klebepunkte in hellen, leuchtenden Farbtönen Ø 13 mm und 8 mm, Zirkel, schwarze Holzfarbstifte, selbstklebende Sternformen

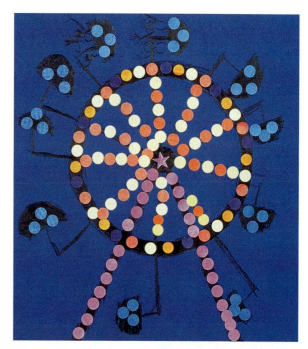

DURCHFÜHRUNG

Die Kinder erhalten Blätter, auf denen etwa in der Mitte drei schwarz dargestellte ineinander liegende Kreisformen Ø 2 cm, 12 cm und 13 cm vorgezeichnet sind. Sie malen den kleinen Kreis in der Mitte und den Zwischenraum der beiden größeren mit schwarzem Holzfarbstift aus.

Dann zeichnen sie zwei Stangen als Bodenstützen ein und verbinden Außen- und Innenkreis durch Streben. Die durch die Bewegung nach außen gedrückten Gondeln folgen. Kleine schwarz gezeichnete Figuren sitzen darin.

Klebepunkte in leuchtenden Farbtönen stellen die Beleuchtung des Riesenrades dar. Sie sollte in wenigen Farbtönen und gleichmäßigem Abstand angebracht werden.

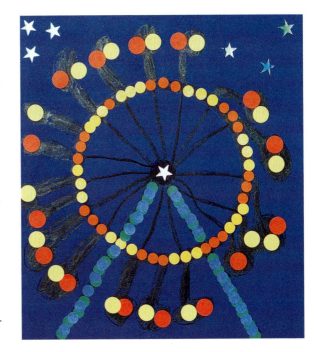

TIPP

Mit den farbigen Klebepunkten lässt sich auch eindrucksvoll die nächtliche Beleuchtung eines Dampfers darstellen.

JAHRMARKTSBUDE

Kartonplastik, Gemeinschaftsarbeit

DURCHFÜHRUNG

Jedes Kind malt eine möglichst formatfüllende Figur auf gelben Aktendeckelkarton. Nach dem Ausschneiden wird sie entweder zum Verkäufer hinter der Theke oder zu einem Kunden davor.

Die Kartonmännchen kleben an umgefalzten Fußteilen auf dem Untergrund, sollten aber noch an einem zusätzlichen Punkt befestigt werden.

MATERIAL

Vorbereiteter Stand aus dreimal quer geritztem und gefaltetem Kartonstück ca. 40 x 80 cm, zwei Buchenholzrundstäben und drei gewendeten Teebeutelschachteln (o. Ä.), mit Tonpapierflechtstreifen beklebt und mit gespannter Schnur zum Aufhängen der Süßigkeiten versehen, Graupappe als Untergrund, gelbe Aktendeckelkartonstücke 14 x 16 cm, leere Streichholz- und Plastikschächtelchen, Seiden- und Transparentpapierreste, Kartonstückchen, Alleskleber, Fasermaler, Scheren

Große Lebkuchenherzen aus gefalteten Kartonstücken, Eistüten, gedrehte und am oberen Budenrand festgeklebte Seiden- oder Transparentpapierstreifen schmücken den Verkaufsstand. Viele geformte Seidenpapierkügelchen füllen die Schachteln, die auf dem Verkaufstisch stehen und die Kunden anlocken sollen.

SCHIFFSCHAUKEL
Collage, Holzfarbstiftzeichnung

DURCHFÜHRUNG

Drei schräg gegeneinander geklebte Flechtstreifen bilden das mittlere Gestänge der Schaukelanlage. Die aus Regenbogenpapier geschnittenen Schaukeln ordnen die Kinder versetzt auf dem Untergrundpapier an und führen von ihnen aus schmale Buntpapierstreifen zum oberen Ende des Gestänges, das mit einem Buntpapierkreis zusammengefasst wird.

Mit Holzfarbstiften gestaltete Figuren, von denen nur die obere Hälfte zu sehen ist, füllen schließlich die Gondeln. Feine Striche am unteren Blattrand können die Arbeiten vervollständigen.

MATERIAL

Hellblaue Tonpapiere DIN A4, 2 cm breite farbige Tonkartonflechtstreifen, schmale Glanzpapierstreifen, Regenbogen-Buntpapiere, Schablonen für Schaukel und Abschlusskreis, Holzfarbstifte, Bleistifte, Scheren, Klebestifte

TIPP

Wird das mittlere Gestänge aus einem Kartonstück hergestellt, nur mit den Enden festgeklebt und eine Schiffschaukel mit einer Musterbeutelklammer darunter befestigt, kann diese hin und her bewegt werden.

LUFTBALLONVERKÄUFER

Deckfarbenmalerei

MATERIAL
Zeichenpapiere
DIN A3, Deckfarben

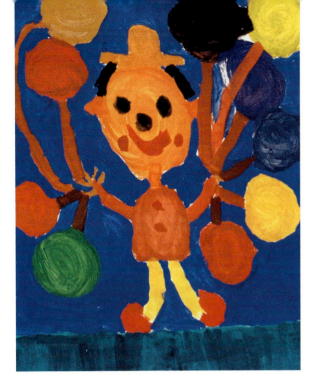

DURCHFÜHRUNG

Die Kinder tupfen einen Farbklecks auf das Blatt und entwickeln daraus die Figur des Ballonverkäufers und malen anschließend die Ballons. Damit diese schön leuchten, müssen die Farben sauber verwendet werden und sollten nicht ineinander laufen.

Den Hintergrund gestalten sie in einer mit den Ballons kontrastierenden Farbe. Das wird einfacher, wenn von Anfang an eine Farbe ausgespart wurde. Zum Abschluss der Arbeit malen sie noch Schnüre, die Ballons und Verkäufer miteinander verbinden.

TIPP

Einen ganz anderen Charakter erhält das Bild, wenn statt der gemalten Ballonschnüre Wollfäden oder stärkere Bindfadenstücke aufgeklebt werden. Die Ballons leuchten besonders auffallend, wenn sie die Kinder aus Regenbogen-Buntpapieren zuschneiden und aufkleben.

HEXE
Holzfarbstiftzeichnung, Collage

MATERIAL
Hellgraue Tonpapiere DIN A4, schwarze und weiß-
grundige Papiere (z. B. Tapetenreste, Wellpappe),
weißes Halloween Transparentpapier „Spinnen",
Schafwolle o. Ä., Hutschablone, schwarze Filzreste,
Bleistifte, schwarze und weiße Holzfarbstifte, Klebestifte, Scheren

DURCHFÜHRUNG
Die Hexe soll möglichst formatfüllend dargestellt
werden. Ein Erwachsener überprüft Größe und Lage
des Kopfes. Die Kinder zeichnen ihre Figur zunächst
mit weißem Holzfarbstift, färben das Gesicht ein
und stellen die Gesichtszüge kontrastierend in
Schwarz dar.

Die Kleidung setzen sie aus weißgrundigen Papierschnipseln zusammen und schmücken sie mit grob ausgeschnittenen transparenten Spinnenformen.

Ein Haarschopf aus Schafwolle und ein schwarzer Filzhut vollenden schließlich die Gestaltung.

GESPENSTER AUS WEISSER WELLPAPPE
Kartonplastik

MATERIAL
Weißes Papier,
weiße Wellpappe,
Zeichenpapiere,
Lineale, schwarze
Fasermaler, Blei-
stifte, Scheren,
Klebestifte

DURCHFÜHRUNG

Auf einem Blatt Papier entwerfen die Kinder eine einfache Gespensterform, die am unteren geraden Rand endet. Sie schneiden sie aus und übertragen die Form auf die Rückseite der senkrecht strukturierten Wellpappe. Ein Erwachsener ritzt diese etwa 2–3 cm vom unteren Rand mit geöffneter Schere und Lineal ein.

Die Kinder stellen eine seitenverkehrte Wellpappeform her. Bevor sie die beiden Teile zusammenfügen und am unteren Rand so umfalzen, dass die Gespenster stehen können, fertigen sie zwei doppelt geschnittene Handformen aus Zeichenpapier an und kleben diese zwischen den Wellpappestücken fest. Mit schwarzem Fasermaler versehen sie ihre Figuren schließlich mit deutlichen Augen- und Mundformen.

FLEDERMÄUSE
Faltschnitt, Collage

MATERIAL
Kopierpapiere DIN A4, schwarze Tonkartons DIN A4, große Nussschalenhälften, Wackelaugen Ø 7 und 10 mm, Stichel, dünner Perlonfaden, Bleistifte, Scheren, Bastelkleber, Alleskleber

DURCHFÜHRUNG
Bei dieser Arbeit muss das Aussehen der Tiere ganz genau anhand von Bildtafeln und guten Abbildungen besprochen werden. Hilfreich ist auch eine einfache, große Skizze, die das Wesentliche des Körperbaus zeigt.

Auf einfach gefaltetem Kopierpapier entwerfen die Kinder an der Falzkante eine Fledermaushälfte, lassen die Zeichnung von einem Erwachsenen überprüfen und schneiden die Form aus. Aufgeklappt wird sie auf schwarzen Tonkarton übertragen.

Den sorgfältig ausgeschnittenen Kartonteil bekleben sie beidseitig mit einer halben Nussschale und Wackelaugen in passender Größe. Die Stirn lochen sie vorsichtig und fädeln einen doppelt genommenen Perlonfaden zum Aufhängen durch.

KÜRBISLATERNEN

Malerei, Tonpapierplastik

DURCHFÜHRUNG

Die Kinder versehen zwei im Hochformat vor ihnen liegende gelbe Tonpapiere mit gelben und orangefarbenen Querstreifen, die ineinander verlaufen dürfen. In die noch feuchten Farben tupfen sie grüne Punkte.

Sie falten die getrockneten Blätter einmal in der Mitte, sodass die bemalten Seiten innen liegen und umfahren an der Falzlinie die halben Kürbisschablonen. Nach dem Ausschneiden und Auseinanderfalten der Formen bekleben sie alle Gesichtsöffnungen von innen mit gelben Transparentpapierstücken.

Sie kleben die beiden Kürbishälften mit Alleskleber an den grün bemalten Rand eines Käseschachtelunterteils und verbinden die beiden Formen nochmals mit gelben Tonpapierquadraten an den Seiten.

Drei bis vier Teelichter halten an der gewünschten Stelle im Laterneninneren, wenn sie von unten mit Reißzwecken befestigt werden.

MATERIAL

Gelbe Tonpapiere DIN A4, ALS COLOR Fingermalfarben (stark verdünnt) in Gelb, Orange und Grün, Käseschachteln Ø 15,3 cm, gelbe Transparentpapiere, halbe Kürbisschablonen, gelbe Tonpapierquadrate 4 x 4 cm, Teelichter, Reißzwecken, Bleistifte, spitze Scheren, Klebestifte, Alleskleber

GLITZERSPINNEN

Kartonplastik

DURCHFÜHRUNG

Aus schwarzem Fotokarton entsteht der Unterleib der Glitzerspinnen.

Die Kinder knicken vier Pfeifenputzerstücke in der Mitte und kleben je zwei davon beidseitig auf diese Form. Sie halten am besten, wenn sie mit Klebebandstücken befestigt werden.

Aus einem mit Hologrammfolie bezogenen goldfarbenen Kartonstück schneiden sie den glitzernden Rücken und verbinden ihn mit Hilfe von Alleskleber mit den Beinteilen. Werden diese noch in Form gebogen, scheinen die Spinnen gleich davonzukrabbeln.

MATERIAL

Hologrammfolie, goldfarbener Karton, schwarze Fotokartonreste, Schablonen (oder frei gestaltete Formen) für Spinnenbauch und -rücken, durchsichtiges Klebeband, gedrittelte schwarze Pfeifenputzer Ø 14 mm x 50 cm, Bleistifte, Scheren, Alleskleber

UNTERNEHMUNGSLUSTIGER NIKOLAUS
Bewegliche Figur

MATERIAL

Schwarze Kartonteile 11,5 x 18 cm (z. B. die Innenteile der ALS-Laternenbausätze), roter Tonkarton in zwei Farbabstufungen, weiße Postkartenzuschnitte, Schablonen für Oberteil, Gewand, Stiefel, Bartteil und Mantelsaum, Stichel, Musterbeutelklammern, schwarze Holzfarbstifte, Bleistifte, spitze Scheren, Klebestifte

DURCHFÜHRUNG

Die Kinder stellen die benötigten Einzelteile mit Hilfe von Schablonen aus weißem und rotem Karton her.

Sie kleben einerseits Rock, Stiefel und Saum zusammen, andererseits Oberteil, Ärmelstreifen, Bartteil und Nase.

Beide Teile werden ebenso wie der schwarze Untergrundkarton mit dem Stichel gelocht und mittels einer Musterbeutelklammer beweglich miteinander verbunden. Diese befindet sich schließlich unsichtbar unter dem Bart.

TIPP

Die Technik lässt sich auch bei der Darstellung anderer beweglicher Figuren wie etwa „Tanzendes Kind", „Pippi Langstrumpf turnt" oder „Ein Clown macht Kunststücke" einsetzen.

ERSTE HIMMELSBOTEN

Engel aus Papprollen

DURCHFÜHRUNG

Weiße Papprollen müssen nur am oberen Ende mit rosafarbenem Papier umklebt werden, andere erhalten vorher einen weißen Kunststoffbezug.

Die Kinder lochen die Rollen an zwei gegenüberliegenden Stellen am oberen Rollenrand, fädeln ein Goldchenilledrahtstück durch die Öffnungen und verdrehen die Enden.

MATERIAL

Weiße Toilettenpapierrollen (oder weiß bezogen mit dc-fix-Stücken in Mattweiß 11 x 17 cm), rosafarbene Kopierpapiere 3,5 x 17 cm, 14–15 cm lange Stücke Goldchenille, Holzfarbstifte, weiße selbstklebende Markierungspunkte Ø 1 cm, selbstklebende Sternformen, je zwei goldfarbene Seidenpapierstücke 15 x 16 cm, weißes Gewebeband, Stichel, Scheren, Klebestifte

Sie malen Haare und Gesichtszüge, nachdem sie Augenformen aus Markierungspunkten aufgeklebt haben.

Die Flügel entstehen aus zwei Seidenpapierstücken, die in der Mitte zusammengedrückt und mit einem Gewebebandstück auf dem Rücken der Engel befestigt werden. Selbstklebende Sternchen schmücken die Gewänder.

ADVENTSKERZEN

Wachsmalerei

DURCHFÜHRUNG

Die Kinder halten die Kerzen schräg am Docht fest, um sie zu bemalen. Eine Unterlage fängt herabfallende Wachstropfen auf.

Das Endergebnis weicht meist etwas vom geplanten Motiv ab, da das aufgetragene Wachs recht flüssig ist und die Farben leicht verlaufen.

Trotzdem sind die Kinder mit großem Eifer bei der Gestaltung und freuen sich über die selbst gestalteten Kerzen.

Die Kerzen müssen nach der Bearbeitung mehrere Stunden trocknen, bis die aufgetragenen Muster grifffest sind.

MATERIAL
Rote Stumpenkerzen,
Kerzen-Pen

ADVENTSKRANZ

Schnipselmosaik

MATERIAL

Schwarze Tonpapiere
DIN A5, Glanzpapiere,
Scheren, Klebestifte,
Bleistifte

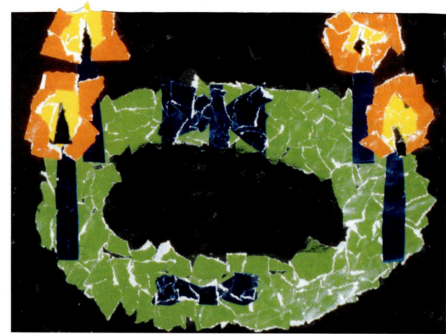

DURCHFÜHRUNG

Ein Beispiel oder eine Skizze zeigt den Kindern, wie
die ovale Form des Adventskranzes das Format füllen soll. Sie zeichnen eine entsprechende Linie dünn
mit Bleistift auf dem schwarzen Untergrund vor.

Dieser Linie entlang kleben sie dicht an dicht gerissene Schnipsel grünen Buntpapiers und verbreitern
den Kranz durch weitere Reihen nach innen und
nach außen, bis Größe und Breite ausreichen.

Die Kerzenformen können ebenfalls aus Schnipseln
entstehen, dürfen aber auch geschnitten werden.
Aus kleinen Papierteilen in entsprechenden Farben
kleben die Kinder auch die Flammen und die Kerzenscheine.

TIPP

Auch eine einzelne Kerze
wirkt in dieser Technik
gut.

ADVENTSKALENDER

Kartonplastik, Gemeinschaftsarbeit

MATERIAL

Streichholzfaltschachteln, Vario-Karton Sternenhimmel, weißer Tonkarton, rosafarbene Tonpapierreste, Schablonen für Körper, Flügel und Gesichtsform, Glanz- und Mattgoldkarton, Jumbolocher „Stern", selbstklebende Adventskalenderzahlen, Permanent-Marker in Gold, Holzfarbstifte, Bleistifte, Scheren, Klebestifte

DURCHFÜHRUNG

Die Streichholzfaltschachteln werden zusammengeklebt, dann Körper, Gesicht und Flügelform aus den entsprechenden Kartons geschnitten.

Die Kinder kleben die Gesichtsform auf den Körper. Sie bemalen das Gesicht mit Holzfarbstiften und gestalten Frisuren und Kleidermuster mit goldfarbenem Permanent-Marker.

Den Flügelteil befestigen sie hinter der senkrecht gestellten Streichholzschachtel, den Körper davor. Er wird mit einer Adventskalenderzahl versehen. Die Schächtelchen nehmen kleine Überraschungen auf.

BESCHERUNG
UNTER DEM WEIHNACHTSBAUM
Deckfarbenmalerei

MATERIAL
Zeichenpapiere DIN A3,
Deckfarben

DURCHFÜHRUNG
Die Darstellung des Weihnachtsbaums steht im
Mittelpunkt der Gestaltungsaufgabe. Die Kinder ver-
suchen, ihn möglichst differenziert mit Kerzen und
Schmuck zu malen.

Neben dem Baum bleibt meist noch genug Platz für
Personen und Geschenke. Alles soll möglichst raumfüllend dargestellt werden. Die Kinder verwenden
die Farben kräftig, mit wenig Wasser.

Sie werden dazu angeregt, die Arbeiten weiter zu
differenzieren und zu blass ausgefallene Stellen
nochmals zu übermalen.

TIPP

Festliche Akzente lassen sich mit pastosen Kontur-
stiften in Gold und Silber setzen. Hierzu werden einige wenige Elemente des Bildes (z. B. Christbaum-
kugeln, Geschenke, Lichter am Baum) umrahmt und
dadurch hervorgehoben.

BAUMANHÄNGER AUS KARTON
Filzstiftmalerei, Collage

DURCHFÜHRUNG

Für den Engel umfahren die Kinder die Schablone für den Körper einmal, die für den Stern zweimal auf weißem Karton. Den Engel bemalen sie bunt mit Fasermalern, bevor sie alle drei Teile sorgfältig ausschneiden.

Nachdem sie auch die Rückseite des Engels farbig gestaltet haben, machen sie in ein Stück Goldkordel einen dicken Knoten und ziehen diese durch den Kopf. Zwei weitere Knoten (Erwachsenenhilfe wird dabei gebraucht) halten die beiden darüber schwebenden Sternformen auf Abstand.

Für die Kerzen schneiden die Kinder die auf farbigem Karton umfahrenen Kerzenscheine aus, bevor sie ein in der Mitte gefaltetes Flechtstreifenstück beidseitig dagegen kleben. Flammen und Verzierungen an den Kerzen entstehen ebenfalls aus Flechtstreifenkarton, die beidseitig angebracht werden.

MATERIAL

Postkartenzuschnitte DIN A6, Bleistifte, Schablonen für Engel und Stern, Kreisformen Ø 6 cm, Tonkartonflechtstreifen 2 x 19 cm, farbige Tonzeichenkartonstücke, Fasermaler, dicke Nadeln, dünne Goldkordel, Scheren, Klebestifte

TIPP

Noch origineller sind frei gezeichnete und ausgemalte Engel, allerdings brauchen die Kinder für deren Gestaltung mehr Zeit.

EIN PRÄCHTIGER WEIHNACHTSMANN
Deckfarbenmalerei

MATERIAL
Zeichenpapiere DIN A3, Deckfarben

DURCHFÜHRUNG

Möglichst formatfüllend stellen die Kinder ihre Figur mit orangefarbenem Gesicht und roter Kleidung dar. Stiefel und Gürtel werden schwarz. Mit ermischten Grüntönen füllen sie den Hintergrund aus und versehen danach den Weihnachtsmann mit Gesichtszügen.

Der letzte Arbeitsschritt besteht darin, mit pastos verwendetem Deckweiß den Bart und schmückende Fellstreifen zu malen, um auch nicht ganz gelungene Farbübergänge zu verdecken.

AUSGESTALTETE ENGEL

Naturpapiercollage, Lackmalerei

MATERIAL

Zeichenpapiere DIN A4, eingefärbt mit wässriger
blauer Deckfarbe, Naturpapiere (vorwiegend aus
Maulbeerbaumfasern), rosafarbene Tonpapiere,
Edding Lackmaler in Gold, Holzfarbstifte, Bleistifte,
Scheren, Klebestifte

DURCHFÜHRUNG

Die Kinder zeichnen auf Tonpapier in Gesichtsfarbe
eine Kopfform vor und reißen sie sorgfältig aus.

Sie kleben den Kopf auf den vorher eingefärbten
hellblauen Untergrund. Darunter befestigen sie eine
Flügelform, für welche sie rechteckige Papierstücke
abrunden und einschneiden.

Für Arme und Gewand wählen sie bereits gerissene
Naturpapierteile aus und befestigen sie über den
Flügeln (das Reißen dieser Papiere ist für Kinder zu
schwer, alternativ können sie auch schneiden).

Sie gestalten die Gesichtszüge mit Holzfarbstiften.
Hände, Beine mit Füßen, Frisuren und Schmuck
fügen sie mit dem goldfarbenen Lackmaler hinzu.
Diesen verwenden sie auch, um den Himmel mit
Sternformen zu füllen.

KLEINE KRIPPE
Tonpapierplastik, Gruppenarbeit

DURCHFÜHRUNG

Dass sich die Krippenfiguren zu einer plastischen Gestaltung zusammenfügen lassen, liegt an der Längsfaltung, die überall gewissenhaft durchgeführt und eingehalten werden muss.

Jedes Kind stellt ein anderes Teil für die Krippe her. Die Grundformen der Figuren ergänzen kontrastierende Innenteile und mit Holzfarbstiften ausgestaltete Gesichter.

Kronen, Geschenke und prächtig geschmückte Gewänder schmücken die Könige, die Hirten tragen Hüte und Holzstäbe. In die doppelt geschnittenen und mit Vlies beklebten Schafskörper fügen die Kinder die gesondert hergestellten Köpfchen ein. Ein Erwachsener steuert die große, ebenfalls gefaltete Krippe aus Tonkarton bei, deren Öffnungen mit Transparentpapierteilen hinterklebt sind.

MATERIAL

Verschiedenfarbige Tonpapiere 11 x 15 cm, längs in der Mitte gefaltet, Tonpapierquadrate in Gesichtsfarbe (ebenfalls einmal gefaltet), Postkartenzuschnitte, Goldfolien-, Glanz- und Transparentpapierreste, Kuschelvlies in Weiß, gelbes Krepp- oder Seidenpapier, brauner Tonkarton, Schablonen für Gewand und Innenteil, für Köpfe in drei Größen, Krone, Hut, Krippe, Schafskörper und -kopf, Holzfarbstifte, Bleistifte, Scheren, Klebestifte, Papierschneidemaschine

III. MEINE FAMILIE UND ICH

Vater, Mutter, Geschwister und die Großeltern sind die wichtigsten Bezugspersonen im Leben eines Kindes. In diesem vertrauten familiären Gefüge erfährt es unterschiedliche Bindungen und lernt sich in verschiedenen Rollen kennen.

Für Kinder ist zunächst einmal sehr wichtig, sich mit sich selbst auseinander zu setzen. Wer bin ich? Was mag ich? Was kann ich?

Kinder sehen in Eltern und Großeltern und allen nahe stehenden Bezugspersonen Vorbilder, denen sie nacheifern. Spielerisch imitieren Kinder Tätigkeiten, die die Erwachsenen tagtäglich verrichten, und es erfüllt sie mit Stolz, wenn sie ihnen zur Hand gehen und helfen können.

In der Beziehung zu den Geschwistern lernen Kinder sich einzugliedern, Kompromisse zu schließen, sich durchzusetzen, aber auch einmal nachzugeben oder Rücksicht zu nehmen. So finden sie in Bruder oder Schwester einen Spielkameraden und nicht selten auch einen Freund fürs Leben.

VOR DEM SPIELEN WAR ICH SAUBER, JETZT BIN ICH SCHMUTZIG

Wachsmalerei, Auswaschtechnik, Collage

MATERIAL

In der Mitte gefaltete Zeichenpapiere DIN A3, wasserfest malende Wachsmalstifte, Tusche, breiter Haarpinsel, hellbraune und hellblaue Tonpapiere 33 x 22 cm und 30 x 14 cm, 2 cm breite Tonkartonflechtstreifen in Rot, Scheren, Klebestifte

DURCHFÜHRUNG

Die Kinder malen sich zweimal nebeneinander auf das in der Mitte gefaltete Zeichenpapier. Sie verwenden möglichst helle Farben, füllen alle Farbflächen sorgfältig aus und versuchen, die Figuren gleich groß darzustellen.

Sie schneiden eine davon ab, überziehen sie ganz mit schwarzer Tusche und waschen diese unter fließendem Wasser wieder ab, sobald sie an den Rändern angetrocknet ist. Das Gesicht der Figur säubern sie etwas mehr durch vorsichtiges Reiben.

Die kleineren Tonpapierstücke kleben sie in wechselnder Farbzusammenstellung auf die größeren

und umgeben beide „Türöffnungen" mit Rahmen aus roten Streifenstücken. Darüber befestigen die Kinder schließlich die beiden ausgeschnittenen Figuren.

ICH BIN NICHT ALLEIN
Stoffapplikation

die Ecken ab, bis die Teile als Köpfe verwendet werden können. Diese kleben sie zum Teil über der Baumkrone fest, damit die Figuren groß genug werden und versehen sie mit Hälsen.

Aus einfachen Rechteckformen entstehen Ober- und Unterkörper, Arme und Beine. Sie lassen sich nach Bedarf kürzen oder so anbringen, dass die Gliedmaßen bis zum unteren Blattrand reichen.

Schneiden und Anbringen der Gesichtszüge und der Frisuren erfordern bereits eine gut geschulte Feinmotorik, verleihen den Arbeiten aber auch den besonderen Ausdruck.

MATERIAL
Schwarze Tonpapierquadrate 25 x 25 cm, evtl. schon mit stilisierten Baumformen als Untergrund, Filz und klein gemusterte Stoffreste in handlichen Stücken, Scheren, Klebestifte

DURCHFÜHRUNG
Die beiden darzustellenden Figuren sollen das Kind selbst zusammen mit einem Geschwisterchen, Freund oder einer Freundin zeigen.

Schmückt die „Baumform" den Untergrund, erhalten die Kinder zwei annähernd quadratische Filzstücke in Gesichtsfarbe. Sie schneiden so lange rundherum

SELBSTBILDNIS
Deckfarbenmalerei

MATERIAL
Zeichenpapiere DIN A3, Deckfarben

DURCHFÜHRUNG

Eine gelbe, aus einem Farbklecks heraus entwickelte Form wird zum Kopf. Damit Platz genug für den Rest der Figur bleibt, umfahren die Kinder vorab die zu bemalende Fläche mit dem Finger.

Mit einer „Lieblingsfarbe" setzen sie unter den Hals den Oberkörper mit zwei langen Armen, die wieder mit gelb gemalten Händen enden. Es folgen Rock oder Hose, Beine und Schuhe.

Erst wenn die Innenflächen vollständig getrocknet sind, gestalten die Kinder Gesichtszüge, Frisuren und schmückende Einzelheiten der Kleidung.

TIPP

Diese Arbeit eignet sich besonders gut für die Einführung in das Malen mit Deckfarben. Der wichtigste Lerneffekt ist dabei, dass nasse Farben nicht aneinander stoßen oder übereinander gemalt werden sollten.

ICH STEIGE EINE STUFE HOCH

Weiße Holzfarbstiftzeichnung

MATERIAL

Quadratische schwarze Tonpapiere 25 x 25 cm,
2 cm breite hellgraue Tonpapierstreifen und Stücke
gleicher Farbe 10 x 4 cm, Scheren, Klebestifte,
weiße Holzfarbstifte

DURCHFÜHRUNG

Aus grauen Tonpapieren bilden die Kinder Boden
und Stufe, indem sie die beiden Teile am Rand eines
schwarzen Untergrunds befestigen und Überstände
abschneiden.

Sie stellen eine formatfüllende Figur dar, die diese
Stufe betreten soll. Dafür sollte ein Erwachsener
Lage und Größe der geplanten Kopfform überprüfen
und notfalls Verbesserungsvorschläge machen.

Nun kommt es darauf an, dass sich ein Bein noch
auf dem Boden befindet, das andere bereits auf der
Stufe. Diese Aufgabe lösen die Kinder ganz unterschiedlich und ihrem jeweiligen Entwicklungsstand
entsprechend.

Sorgfältig dargestellte Frisuren und Gesichtszüge
sowie liebevoll gestaltete Kleidermuster verleihen
den Arbeiten zusätzlichen Reiz.

TIPP

Diese Aufgabe lässt sich variieren, indem eine
schwimmende oder eine sich bückende Figur dargestellt wird bzw. eine, die gerade einen Purzelbaum
schlägt.

MEINE KATZE UND ICH

Weiße Wachsmalstiftzeichnung,
ausgestaltete Faltarbeit

MATERIAL

Schwarze Tonpapiere DIN A4, dünne Zeichenkartonstücke 13 x 13 cm und 1,7 x 13 cm, weiße Kopierpapiere 13 x 13 cm, weiße Wachsmalkreiden, Holzfarbstifte, Bleistifte, Körperschablonen, Scheren,
Klebestifte, Klebeband

DURCHFÜHRUNG

Möglichst formatfüllend und mit vielen schmückenden Einzelheiten stellen sich die Kinder selbst mit
weißem Wachsmalstift auf schwarzem Tonpapier
dar.

Für den Körper der Katzen falten sie das Zei-
chenkartonquadrat einmal diagonal, legen die
Schablone an der Falz-
linie an und schneiden
die Form doppelt aus.

Den Kopf falten sie der
Anleitung entsprechend,
was ihnen Schritt für
Schritt an einem großen
Beispiel gezeigt wird.
Die beiden zum Schluss
nach hinten gefalzten
Teile fixieren sie dort
jeweils mit einem Stück Klebeband, bevor sie den
Kopf am Körper befestigen.

Sie runden einen länglichen Kartonstreifen einseitig
ab und bemalen ihn auf beiden Seiten, bevor sie ihn
als Schwanz ankleben. Damit er sich ringelt, zieht
ihn ein Erwachsener über eine geöffnete Schere.

Die Gesichtszüge und die Muster im Fell gestalten
die Kinder mit Holzfarbstiften, bevor sie für ihre Katze eine Stelle zu Füßen des Besitzers auswählen.

Katzenkopf

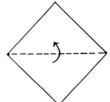

1. Diagonale falten

2. seitliche Ecken
   nach innen über-
   einander klappen

3. zwei Dreiecke
   einfalten

4. festkleben

5. umdrehen: der
   fertige Katzenkopf

UNSER BABY

Filzstiftmalerei, Collage, Halbplastik

MATERIAL

Hellblaue Tonkartons DIN A4, gelbe Aktendeckelkartons 24 x 27 cm und 7 x 12 cm, Fasermaler,
Scheren, Klebestifte, Büroklammern

DURCHFÜHRUNG

Formatfüllend und mit ausgestreckten Armen malen
die Kinder die Mutter auf den größeren gelben
Aktendeckelkarton. Nach dem Ausschneiden bemalen sie auch noch die Rückseiten von Armen und
Händen.

Mit den breit malenden Enden der Fasermaler entwerfen sie auf dem kleineren Kartonstück das Baby.
Sie achten darauf, dass Arme und Beine breit
genug dargestellt werden, um sie problemlos ausschneiden zu können.

Sie kleben die Figur der Mutter mit Kopf, Rücken und Beinen auf den hellblauen Untergrund, biegen die Arme nach vorn und befestigen das Baby so an den Innenseiten der Hände, dass es nicht das Gesicht der Mutter verdeckt und sich plastisch von ihr abhebt. Bis zum Trocknen sichern Büroklammern die Klebestellen, die leicht unter Spannung stehen.

Freie Stellen des Untergrunds füllen die Kinder mit Rasen, Pflanzen und Tieren nach Belieben.

TIPP

Alles, was sich vom gemalten Hintergrund abheben soll, lässt sich auf diese Weise gut darstellen. So kann eine große Tüte voller Lebensmittel den Träger fast zu Boden ziehen oder ein Kind eine Katze im Arm halten bzw. jemandem ein großes Geschenk überreichen.

MEINE ELTERN HAKEN EINANDER UNTER

Ölkreidenmalerei, Collage

MATERIAL

Dunkelgraue Tonpapiere DIN A4, Zeichenpapiere
DIN A3, Pastell-Ölkreiden, Scheren, Klebestifte

DURCHFÜHRUNG

Die Kinder malen Vater und Mutter nebeneinander
auf das Zeichenpapier und versehen sie jeweils mit
einem zur Hüfte hin angewinkelten und mit einem
ausgestreckten Arm. Erst nach dem Ausschneiden
werden dann die Figuren durch Zusammenschieben
„eingehängt"!

Ein Erwachsener überprüft Größe und Lage der Köpfe und ob die beiden dargestellten Personen größenmäßig zusammenpassen. Auch die Armrundung muss weit genug ausfallen.

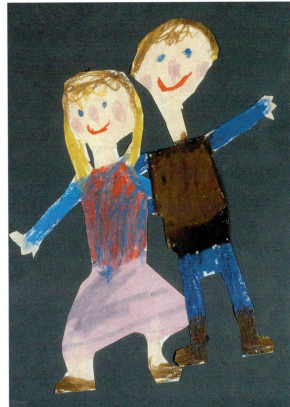

Sorgfältiges Malen und Schneiden sind maßgeblich für die Wirkung der Arbeit, ebenso wie die Gestaltung der Gesichtszüge. Notfalls kann auch ein Arm durch Einfalten verkürzt werden.

TIPP

Durch das Ausschneiden und anschließende Kombinieren von zwei Einzelpersonen können auch schon jüngere Kinder mit Überschneidungen arbeiten und deutliche Bildaussagen erreichen.

Da legen sich zwei Freunde die Arme um die Schultern oder der Großvater steht hinter seinem Enkel und umarmt ihn stolz. Eine große Schwester kann ihr Brüderchen tragen und zwei Kampfhähne ringen miteinander.

MIT MUTTER UNTERWEGS
Kartonplastik

MATERIAL

Gelbe Aktendeckelkartonstücke 32 x 23 cm in der Mitte gefaltet und auf der Rückseite geritzt (in einer Höhe von ca. 11 cm von der Falzkante aus gemessen), Fasermaler, Ölkreiden, Scheren, Klebestifte

DURCHFÜHRUNG

Die Kinder legen den gefalteten Karton so vor sich hin, dass die Falzkante oben und die Ritzlinie auf der Rückseite ist.

In die Mitte malen sie die Mutter, deren Kopf fast bis zum oberen Rand reicht und deren Füße die Bodenlinie berühren. Je nachdem, wie viele Kinder sie an den Händen halten soll, streckt sie einen oder beide Arme leicht nach unten.

Nun folgt die Darstellung der Kinder, deren Beine ebenfalls bis zum unteren Rand reichen müssen und die die Mutter an der Hand hält.

Nach dem Ausschneiden der doppelt liegenden Figuren kleben die Kinder die Mutter bis zur Falzlinie zusammen und malen je nach der eigenen Familiensituation vielleicht noch weitere Kinder dazu.

EIN FAMILIENBUCH

Filzstift- und Holzfarbstiftzeichnung

MATERIAL

Kopierpapier DIN A4, Scheren, Holzfarbstifte, Fasermaler

Auf der „Titelseite" stellt sich jedes Kind selbst dar, auf den nächsten Seiten folgen die übrigen Familienmitglieder. Bei der Ausgestaltung stehen verschiedene Farbstifte zur Auswahl. Für Gesichtsflächen und Hände empfehlen sich Holzfarben in entsprechenden Tönen.

DURCHFÜHRUNG

Das Blatt Papier wird sorgfältig einmal längs und einmal quer gefaltet, danach jede Seite in Gegenrichtung nochmals zum Mittelfalz.

Ist das noch einmal gefaltete Blatt vom Mittelfalz her bis zur Hälfte eingeschnitten, aufgefaltet und der Länge nach zusammengeklappt, lässt es sich über dem Einschnitt zusammenschieben und zu einem Heft mit vier doppelt liegenden Seiten gestalten.

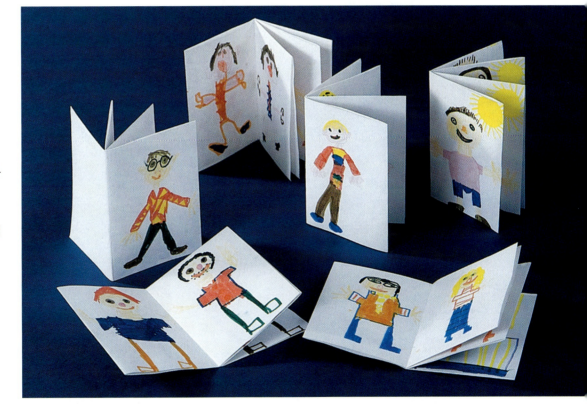

Buch

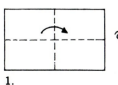
1.

2.

3.

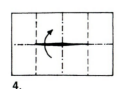
4.

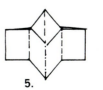
5.

6.

7.

ICH GEHE EINKAUFEN
Stoffapplikation, Collage

MATERIAL

Hellblaue und grüne Tonpapiere DIN A4 und
21 x 7,5 cm, 2,5 cm breite Tonpapierstreifen in
Gesichtsfarbe (für die Beine 30 cm, für die Arme
15 cm lang), runde Schablonen für den Kopf Ø 5 cm,
hautfarbene Tonpapierquadrate 6 x 6 cm, braune,
schwarze und gelbe Filzstreifen 3 x 11 cm, klein
gemusterte und einfarbige Stoff- und Bordürenreste,
Netze von Obst und Gemüse, Seidenpapierreste,
Zwirn, Heftzange, Holzfarbstifte, Bleistifte, Klebestifte, Scheren

DURCHFÜHRUNG

Das Grundgerüst für die Figuren entsteht, wenn der lange Beinstreifen in der Mitte v-förmig gefaltet und der Armstreifen dazwischengeklebt wird. Die Kinder befestigen es auf dem mit einem Rasenstreifen versehenen hellblauen Untergrund.

Sie suchen passende Stoffe für die Kleidung und schneiden sie so zurecht, dass sie größer sind als die Gliedmaßen.

Für die Frisur schneiden sie einen Filzstreifen einseitig weit ein und kleben ihn um eine runde Kopfform. Sie malen die Gesichtszüge und verbinden Kopf und Körper.

Kleine, mit Seidenpapier gefüllte und mit Zwirn abgebundene Netze befestigen sie mit Hilfe der Heftzange an den abgerundeten Armenden.

TIPP

Werden Kartonstreifen verwendet und die Figürchen beidseitig beklebt, lassen sie sich als Raumschmuck aufhängen. Zur Gestaltung der Kleider eignen sich auch farbige Zeitschriftenteile oder gemusterte Geschenkpapiere. Breitere Filzstreifen für die Frisur können für die Darstellung des „Struwwelpeters" Verwendung finden.

105

ICH HELFE BEIM TISCHDECKEN

Ölkreidenmalerei

DURCHFÜHRUNG

Die Kinder beginnen damit, am vorderen Bildrand den Tisch oder die Tischplatte zu malen.

Danach erst stellen sie sich selbst, die Mutter und vielleicht noch ein Geschwisterchen dar, die mit dem Tischdecken beschäftigt sind.

Entscheidend für die Wirkung der Arbeiten ist, dass die Figuren groß genug angelegt und sorgfältig ausgemalt werden sowie klare Umrissformen zeigen.

MATERIAL

Schwarze Tonpapiere
DIN A4,
Pastell-Ölkreiden

ICH SORGE FÜR ORDNUNG

Tonpapiercollage

MATERIAL

Breite Stoffbänder, große Tonpapier-
und Mikrowellpappestücke, gemusterte
Papier- und Kartonreste, Frühstücks-
beutel, Wäscheklammern, Scheren,
Bleistifte, Klebestifte, Heftzange

DURCHFÜHRUNG

Die fertig gestellten Figuren sind
etwa 1 m groß, entsprechend groß
müssen auch die eingesetzten
Tonpapierstücke sein. Sie werden grundsätzlich doppelt verwendet.

Die Kinder kleben die Einzelteile
beidseitig an das Stoffband und
verwenden zur Befestigung auch häufig
die Heftzange.

Mit Wäscheklammern halten die Frühstücks-
beutel an den Händen der Figuren. Die
Säckchen sollen Papierschnipsel und
Abfallpapiere aufnehmen.

Deutlich dargestellte Gesichtszüge und Muster in
der Kleidung schmücken die Figuren weiter aus. Bei
ausgestreckten Armen empfiehlt sich eine zusätzliche Verstärkung mit Wellpappe auf der Rückseite.

TIPP

Die Figuren bringen selbst Aufräummuffel dazu, den
Boden auch noch nach dem letzten Schnipsel abzu-
suchen – sollen die an der Decke hängenden Figuren doch möglichst bald über gut gefüllte Säckchen
verfügen können!

ICH WISCHE EINEN FLECK WEG

Holzfarbstiftzeichnung, Collage

MATERIAL

Schwarze Tonpapiere 25 x 35 cm mit aufgeklebtem mittelgrauen Streifen ca. 10 x 35 cm, weiße Zeichenpapiere DIN A4, schwarze Fasermaler und Holzfarbstifte, Stoffreste, Scheren, Klebestifte

DURCHFÜHRUNG

Zur Vorbereitung dieser Arbeit empfiehlt es sich, einige der Kinder die Bückbewegung ausführen zu lassen, sodass ein reales Anschauungsobjekt gegeben ist. Die Kinder werden angehalten, genau auf die Rücken-, Bein- und Kopfstellung zu achten und diese zu beschreiben.

Mit der Darstellung der runden Rückenform beim Bücken beginnen die Kinder. Sie setzen einen großen Kopf an und zeigen je zwei Arme und zwei Beine. Diese dürfen nicht zu kurz und nicht zu schmal ausfallen.

Sie zeichnen detaillierte Gesichtszüge und versuchen, die Kleidung sorgfältig durch verschiedene Muster zu gliedern.

Die mit einem schmalen weißen Rand ausgeschnittene Figur legen sie auf den vorbereiteten Untergrund. Sie kleben sie fest und geben ihr ein gefaltetes Stoffstück in die Hände. Zum Schluss malen sie mit dem Fasermaler einen schwarzen Fleck auf den grauen Boden.

TIPP

Variationen des Themas „Bücken" wären, Spielgeld zum Aufheben auf die Straße zu kleben oder die Figur einen Purzelbaum schlagen zu lassen. Ausreichende Anschauung und Besprechung nimmt den Kindern die Scheu vor der Gestaltung besonderer Körperhaltungen.

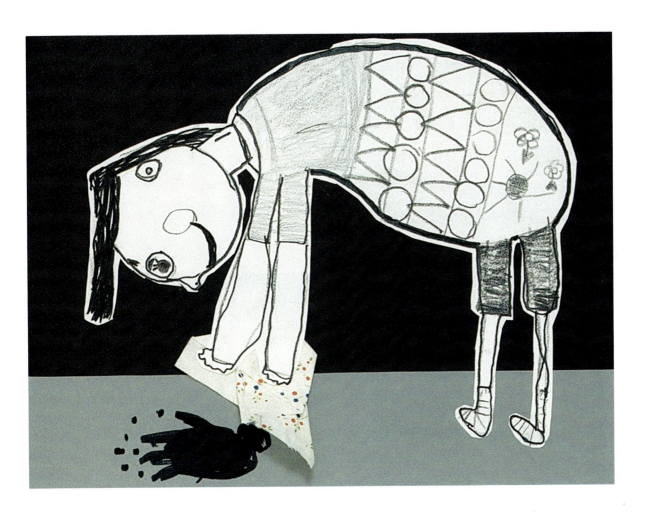

IV. WOHNEN

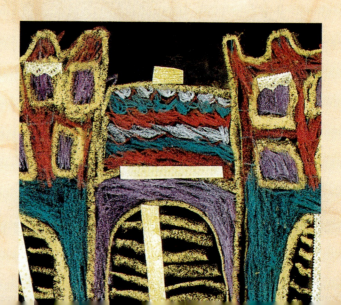

Schon die Steinzeitmenschen lebten in Höhlen oder erstellten Unterschlüpfe, um vor Wind, Unwetter und wilden Tieren geschützt zu sein. Die Wohnung oder das Haus, in dem wir aufwachsen, verbinden wir meist mit dem Gefühl von Geborgenheit und Heimat. Hier fühlen wir uns sicher vor all dem, was uns „draußen" Angst einjagt.

Für ein kleines Kind stellen diese Räumlichkeiten die Hauptlebenswelt dar, die es gründlich erforschen will. Es erkundet die verschiedenen Zimmer, Schränke, Regale, Teppiche und vie-

les mehr. Das Kind schult dabei den Orientierungssinn und findet Räume in seiner vertrauten Umgebung wieder. Mit wachsendem Alter beginnen Kinder von diesem sicheren Ort aus ihre Umwelt zu erkunden. Sie lernen die Wohnungen von Freunden und Verwandten kennen und erfahren dabei, dass es auch andere Gebäude gibt. Wenn sich die Perspektive der Kinder verändert, erkennen sie, dass das Haus, in dem sie leben, eines von vielen ist und dass es einen Teil eines Dorfes oder einer Stadt darstellt.

ICH SCHAUE AUS DEM FENSTER
Deckfarbenmalerei, Collage

DURCHFÜHRUNG
Die Kinder falten das große dunkelfarbene Tonpapierrechteck, legen an der Falzlinie die Kartonschablone an, schneiden das Papier entsprechend ein und öffnen es in der Mitte. Sie biegen die beiden Fensterläden nach außen, bevor sie das ganze Gebilde mit gelbem Tonpapier hinterkleben.

Die Fensterläden versehen sie auf den Innenseiten mit hellblauen Tonpapierzuschnitten.

Formatfüllend stellen sie mit Deckfarben auf Zeichenpapier eine Halbfigur mit ausgestreckten Armen dar, die sie nach dem Trocknen ausschneiden und im Fensterausschnitt befestigen. Falls diese nicht genügend mit dem gelben Untergrund kontrastiert, hinterkleben sie die Figur mit einem dunkleren Tonpapierzuschnitt. Die Läden sollten etwas hochgebogen werden, bevor sie die daran angebrachten Hände in Form halten.

MATERIAL
Tonpapiere in dunklen Farbtönen 25 x 29 cm und in Gelb 24 x 28 cm, Kartonschablonen 18 x 10 cm, hellblaue Tonpapierzuschnitte 16 x 8 cm, Zeichenpapiere 25 x 35 cm, Tonpapierzuschnitte in dunklen Tönen 18 x 20 cm, Deckfarben, Bleistifte, Scheren, Klebestifte

TIPP

Werden mehrere dieser geöffneten Fenster auf einen Umzugskarton geklebt, entsteht in Gruppenarbeit schnell ein Haus mit vielen Fenstern. Die Kinder können Hauswände mit Schulmalfarben oder verschiedenen Materialien gestalten und das dreidimensionale Haus zu einem Blickfang werden lassen.

113

UNSER WOHNZIMMER

Ausgestaltete Faltarbeit

MATERIAL

Tonpapierquadrate 50 x 50 cm für die Stuben,
Faltpapierquadrate 12,5 x 12,5 cm für die Tische,
15 x 15 cm für Couch und Sessel, 17,5 x 17,5 cm
für Schreibtisch und Regal, Postkartenzuschnitte,
Fasermaler, Scheren, Klebestifte, kleine Bilder

DURCHFÜHRUNG

Stube und Möbelstücke werden nach einer einfachen Grundfaltung ausgeführt. Wichtig ist dabei,
alle Faltlinien scharf zu kniffen. Die Kinder falten die
Papierquadrate einmal in der Mitte zum „Buch",
dann beidseitig nochmals zur Mitte hin, klappen die
Faltung auf und drehen das Papier auf die Rückseite
(Abb. I–III).

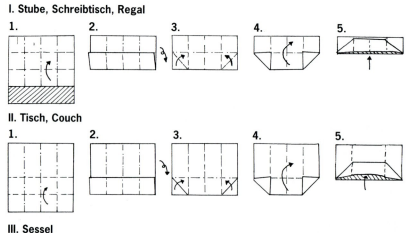

I. Stube, Schreibtisch, Regal

1. 2. 3. 4. 5.

II. Tisch, Couch

1. 2. 3. 4. 5.

III. Sessel

1. 2. 3. 4. 5.

6.

Im rechten Winkel dazu folgt der gleiche Faltvorgang. Für Stube, Schreibtisch oder Regal wird das
Blatt unten um ein Viertel gekürzt (1), hochgeklappt
(2), gewendet (!), unten mit zwei eingeklappten
Ecken versehen (3) und nochmals hochgeklappt (4).
Dadurch entsteht am unteren Rand eine Tasche (5),
die sich mit den Fingern zu einem plastischen Gebilde ausformen lässt.

Wird das Papierquadrat nicht gekürzt, entsteht ein Tisch (Abb. II, 1–5). Zusätzliche Dreiecksfaltungen wie beim Sessel (Abb. III, 1–5) führen zur Form der Couch.

Gemalte und ausgeschnittene Familienmitglieder nehmen im Wohnzimmer Platz und Bilder schmücken die Wände. Deckchen und Teppiche sorgen zusätzlich für Gemütlichkeit.

BLICK IN DEN KLEIDERSCHRANK
Filzstiftmalerei

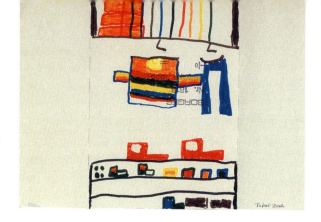

MATERIAL
Tapetenstücke aus einem
Musterbuch DIN A3,
zur Schrankform gefaltet
DIN A4, Fasermaler

Das Hervorheben sorgfältig ausgeführter Arbeiten,
die viele Details zeigen, steigert auch Geduld und
Arbeitseifer schwächerer Kinder. Alle überlegen immer wieder gemeinsam, womit noch freie Flächen
gefüllt werden könnten und regen sich dabei gegenseitig an.

DURCHFÜHRUNG
Die Kinder erhalten jeweils eine vorbereitete
Schrankform, die sie aufklappen und im Inneren
(auf der Tapetenrückseite) bemalen.

Es erleichtert die Arbeit, wenn der Schrank als
Erstes in Fächer für Wäsche und für aufgehängte
Kleidung unterteilt wird. Diese sollen so gut wie
möglich gefüllt werden.

MEIN AQUARIUM
Window Color Malerei, Collage

MATERIAL
Window Color „Fensterfolie", Konturenfarbe „Glas Design", Regenbogen-Laternenzuschnitte, Fischschablonen, Käseschachteln Ø 15,5 cm, Teelichter, Reißzwecken, Scheren, Klebestifte

DURCHFÜHRUNG
Die Kinder entwerfen verschiedene Fischformen, entscheiden sich für eine, die sich leicht mit Window Color ausmalen lässt und legen sie unter die Fensterfolie. Dann umfahren sie die Form mehrfach mit der Konturenfarbe.

Nach mindestens acht Stunden Trockzeit können die Felder mit leuchtenden Farbtönen ausgefüllt werden, wobei nur „warme" oder „kalte" Farben bei der Gestaltung eines Fisches verwendet werden.

Die ausgeschnittenen Formen kleben die Kinder auf einen Regenbogen-Laternenzuschnitt, bevor sie diesen zur Rundung schließen und an Käseschachtelober- und -unterteil befestigen.

Werden Teelichter im Innern der Laterne mit einer Reißzwecke fixiert, leuchten die Fische vor allem bei einbrechender Dunkelheit oder während der Nacht intensiv.

EIN PRÄCHTIGES SCHLOSS

Metallic-Wachsmalerei, Collage

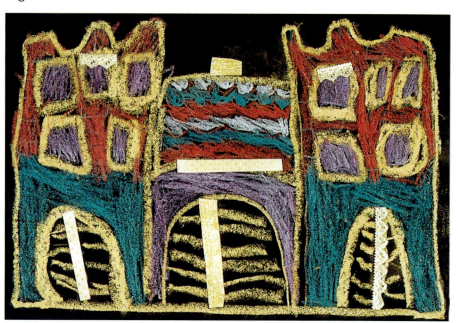

MATERIAL

Schwarze Tonpapiere DIN A4, Metallic-Wachsmalstifte, goldfarbene Folienstreifen und Papierlitzen, Scheren, Klebestifte

DURCHFÜHRUNG

Das darzustellende Schloss kann Türme mit spitzen Dächern, Zinnen, große Portale und farbenprächtige Außenwände bekommen.

Die Kinder versuchen, alle Flächen auszumalen und viele unterschiedliche Farbtöne einzusetzen. Das Schloss sollte etwas über der Grundlinie beginnen und das Format weitgehend füllen.

Tore und Fenster werden zum Schluss noch durch aufgeklebte Folienstreifen oder Papierspitzenstücke betont und besonders geschmückt.

TIPP

Mit dieser Technik lassen sich ganz besonders märchenhafte Elemente gut darstellen. Das gold-glänzende Haar von Prinzessinnen, glitzernde und glänzende Schatztruhen und auch die prächtigen Kleider der Könige und Königinnen erhalten mit Metallic-Wachsmalstiften eine ganz besondere Note.

MEHRFAMILIENHAUS

Filzstiftzeichnung, Gruppenarbeit

MATERIAL

Tonpapierhintergrund 1 x 1 m mit rotem Tonpapier-
dach, Zeichenpapiere DIN A3, Fasermaler, Scheren,
Klebestifte

DURCHFÜHRUNG

Die Kinder sollen sich so groß
wie möglich mit ihrer Familie in
einem Wohnraum oder in einer
Wohnung malen. Aus den anschließend zusammengestell-
ten Einzelarbeiten entsteht
später ein „Mehrfamilienhaus".

Sie werden dazu angehalten,
sorgfältig zu arbeiten und viele
Einzelheiten zu zeigen. Wichtig
ist auch, dass sie das Format
möglichst füllen.

Sie schneiden die fertig gestellten Arbeiten mit einem
schmalen weißen Rand aus
und ordnen die einzelnen „Wohnungen" dicht neben- und übereinander auf dem Untergrund
an, auf welchem sie schließlich
festgeklebt werden.

FALTHÄUSER MIT FALTDACH
Ausgestaltete Faltarbeit

MATERIAL

Dünne Zeichenpapierzuschnitte 20 x 15 cm, rote Faltpapiere 8 x 15 cm, Klebestifte, Fasermaler

DURCHFÜHRUNG

Für das Haus falten die Kinder das weiße Papier erst längs, nach dem Aufklappen dann quer (1). Sie falzen beide Seiten zum Mittelbruch (2) und formen beim Auffalten die beiden Giebel aus (3+4).

Das Dach aus rotem Papier entsteht auf die gleiche Weise, nur muss der Zuschnitt erst quer und nach dem Aufklappen längs gefaltet werden. Es lässt sich dann einfach über die Hausform schieben.

Die Kinder kleben die Mittelwände des Hauses zusammen, um es stabiler zu machen. Um alle Seiten bemalen zu können, klappen sie die Giebelwände jeweils nach hinten oder nach vorn. Sie werden dazu angehalten, alle gezeichneten Fenster mit einem Rahmen in einem kontrastierenden Farbton zu versehen.

Haus

1. **Kreuz falten, nach hinten klappen**

2. **zur Mitte falten**

3. **Ecken ausformen**

4. **aufstellen**

MEIN BUNTES HAUS
Holzfarbstiftzeichnung

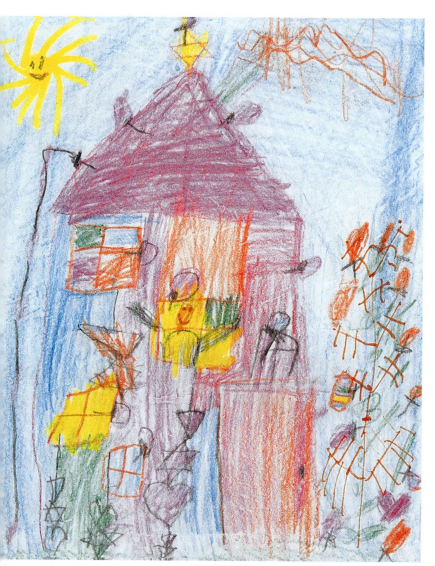

MATERIAL

Zeichenpapiere 15 x 18 cm, Holzfarbstifte

DURCHFÜHRUNG

Das Haus sollte das Format füllen, viele Einzelheiten zeigen und unterschiedliche Farbfelder aufweisen.

Sorgfältiges Zeichnen und Ausmalen sind Voraussetzung für das Gelingen der Arbeit.

Detailliert dargestellte Baumformen, ein Garten, Wiesen, Felder oder auch ein schön gestalteter Hintergrund können schließlich noch freie Flächen füllen.

TIPP

Kinder der angesprochenen Altersstufe beschränken sich oft darauf, nur mit einem einzigen Stift ihre Darstellung auszuführen – diese Aufgabenstellung richtet sich bewusst dagegen! Weitere geeignete Themen wären der „Regenbogenfisch", „Viele bunte Seifenblasen" oder „Ein Kleid in allen Regenbogenfarben".

HÄUSER AUS FALTSCHACHTELN

Kartonplastik

MATERIAL

Je Haus zwei Faltschachteln 79 x 79 x 39 mm, Vario-Karton „Klinker/ Dachziegel", grüne und braune Tonkartonflecht-streifen 2 cm breit, gelbe Aktendeckelkartonstücke 6 x 11 cm für den Baum, 10 x 7,5 cm für die Figuren, Postkartenzuschnitte 5,5 x 13 cm, Schablonen für die Giebelwand, Fasermaler, Holzfarbstifte, Scheren, Klebestifte

DURCHFÜHRUNG

Ein Erwachsener ritzt die beiden Innenklappen der Schachteln, sodass sie sich halb auffalten lassen. Zwei fertig montierte Schachteln werden mit den Böden aneinandergeklebt, die beiden Deckel nach außen gebogen und mit den nach innen gefalzten Laschen zusammengefügt.

Die Dachflächen entstehen aus in der Mitte gefalzten Dachziegelkartonstücken 16 x 8 cm, die Giebelseiten nach Schablone aus Klinkerkarton. Ein Vario-Karton reicht für zwölf Dächer bzw. für sechs Häuser.

Auf den weißen Kartonstreifen malen die Kinder kleine Blumenbeete, die sie ausschneiden, beidseitig 2 cm breit umfalten und an den Giebelseiten des

Hauses befestigen. Ein auf Aktendeckelkarton gemalter Baum kann diese zusätzlich schmücken.

Gemalte und ausgeschnittene Figuren kleben an den aufgebogenen „Haustüren", die an der Außenseite mit einem Flechtstreifenstück in passender Größe versehen werden.

123

DORF IM SCHNEE
Collage, Holzfarbstiftzeichnung

MATERIAL

Dunkelgraue Tonpapiere DIN A4, Papierstreifen in verschiedenen Grautönen 3–6 cm breit, weiße Zeichenpapiere, weiße und schwarze Holzfarbstifte, Scheren, Klebestifte

DURCHFÜHRUNG

Die dunkelgrauen Tonpapiere werden am unteren Rand mit einem Schneestreifen aus weißem Zeichenpapier versehen.

Die Kinder schneiden von den grauen Papierstreifen unterschiedlich große Rechteckformen ab. Sie ordnen sie so auf dem Untergrund an, dass die Häuser dicht nebeneinander im Schnee stehen und sich deutlich durch verschiedene Höhen voneinander abheben.

Aus Zeichenpapier schneiden sie Dreiecke, die sie als Dächer über den festgeklebten Häusern befestigen. Die Dachformen sollten dabei überstehen.

Fenster und Türen gestalten die Kinder mit den schwarzen Holzfarbstiften, die Innenflächen malen sie weiß aus. Zu klein geratene Formen lassen sich durch zusätzliche Rahmen vergrößern.

Sorgfältig gemalte Schneeflocken füllen schließlich die frei gebliebene Himmelsfläche aus.

TIPP

Das rein grafische Arbeiten macht den Kindern großen Spaß und bereitet sie auf Aufgabenstellungen in der Schule vor. Grafische Lösungen nehmen dort bei der Bearbeitung der unterschiedlichsten Themen einen breiten Raum ein.

STRASSENKREUZUNG
Filzstiftmalerei

MATERIAL
Zeichenpapiere DIN A3, dicke Fasermaler

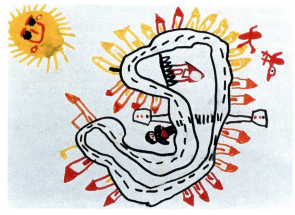

TIPP
Diese Aufgabe ist besonders gut geeignet, um die Entwicklungsstufen der einzelnen Kinder kennen zu lernen. Nur weiter Fortgeschrittene sind fähig, eine erkennbare Kreuzung zu zeichnen. Jüngere beschränken sich meist darauf, Häuser einfach neben eine beliebige Straßenführung zu setzen.

DURCHFÜHRUNG
Eine vorher gemeinsam besichtigte und genau beobachtete und beschriebene Straßenkreuzung wird zum Thema. Die Kinder stellen diese mit farbigen Fasermalern auf einem großen Zeichenblatt dar. Dabei füllen sie das Blatt nach Möglichkeit und zeigen viele unterschiedliche Häuser. Sie zeichnen Ampeln, Zebrastreifen, Fußgänger, Bäume etc. um die Szenerie auszugestalten.

DORF AUS VARIO-KARTONS

Collage

MATERIAL

Hellblaue Tonkartonstücke 10 x 30 cm,
Schablonen für Untergrund und Rasen,
Vario-Kartons „Wiese/Rasen", „Baumrinden",
„Blätter/Nadeln", „Klinker/Dachziegel",
hellblaue Kopierpapierreste, Klebestifte,
Bleistifte, Scheren

DURCHFÜHRUNG

Die Kinder stellen den Untergrund aus hellblauem
Tonkarton her und befestigen an seinem unteren
Rand das schmalere Rasenstück.

Aus rechteckigen Klinkerkartonstücken entstehen
die Häuser, die erst ein Ziegeldach
erhalten, bevor sie zwischen
Hintergrund und Rasen geschoben werden.

Auch die Bäumchen aus Stamm mit Krone oder aus
Dreiecken fügen die Kinder vorher zusammen, bevor
sie die Teile zwischen den Häusern anordnen und
schließlich alles festkleben. Hellblaue kleine Papierrechtecke bilden die Fenster der Häuser, Reste von
Dachziegelkartons werden im Nu zu Türen.

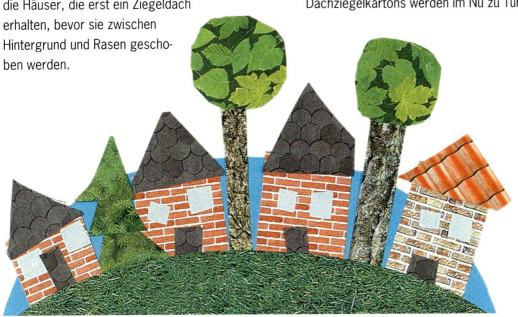

127

ALTES STÄDTCHEN
Kartondruck

MATERIAL
Graupappe DIN A4, dünnere gut schneidbare Kartonstücke, Mikrowellpappe, Glasplatte, schwarze Aqua-Linoldruckfarbe, Farbwalze, Andruckwalze, Zeichenpapiere DIN A3, Schneidemaschine, Scheren, Klebestifte

Das Werk wird gründlich mit schwarzer Linoldruckfarbe eingewalzt, auf einen sauberen Untergrund gelegt und mit einem Zeichenblatt bedeckt, das sorgfältig mit der Andruckwalze angepresst wird. Nach dem Abnehmen des Blattes muss der Druck einige Zeit trocknen.

TIPP
Da der Druckvorgang wiederholt werden kann, eignet sich diese Technik besonders gut, wenn mehrere Bilder erwünscht sind. Allerdings fallen die Drucke immer wieder anders aus.

DURCHFÜHRUNG
Aus einfachen Rechteck- und Dreieckformen bilden die Kinder drei bis vier schlichte, formatfüllende Hausformen, die sie dicht nebeneinander auf der Graupappe festkleben.

Sie bringen kleinere Kartonstücke als Fenster und Türen an und können Schornsteine und eine Sonne (Mond) hinzufügen.

LEUCHTENDE STADT

Faltschnitt mit Regenbogen-
Transparentpapier

MATERIAL

Schwarze rechteckige Ton-
papiere in verschiedenen
Formaten, Regenbogen-
Transparentpapiere, weiße
Kopierpapiere, Scheren,
Klebestifte

DURCHFÜHRUNG

Die Kinder falten eines der schwarzen Tonpapiere der Länge nach in
der Mitte und schneiden, am Mittelfalz beginnend, stufenförmig oder
einfach schräg nach unten. So entsteht die Dachform. An der Falzkan-
te am unteren Rand schneiden sie die halbe Tür-
oder Torform aus.

Sie klappen die Hausform auf, falten beide Seiten
zum Mittelfalz hin und legen das Haus zu einer Vier-
telbreite zusammen. Aus der Seite mit doppelt lie-
gender Falzkante schneiden sie Rechteckformen
für die Fenster aus. Dabei dürfen sie nicht mit der
Dachschräge in Berührung kommen.

Sie hinterkleben das aufgefaltete Gebilde mit einem
großen Stück Regenbogen-Transparentpapier und
schneiden ab, was über die Hausform hinausragt.
Schmale Streifen und kleine Stücke in kontrastierenden Farbtönen schmücken die Fenster zusätzlich.

Die Häuser leuchten nicht nur am Fenster, sondern
auch an der Wand, wenn sie abschließend mit weißen Papierteilen hinterklebt werden.

V.
UNSERE UMWELT

V. UNSERE UMWELT

Kinder haben meist noch einen sehr ursprünglichen und offenen Zugang zur Natur. Sie interessieren sich vorurteilsfrei für alles, was ihnen begegnet und erleben Regen, Schnee, Hagelschauer, Regenbogen oder andere Naturschauspiele ebenso fasziniert wie die Phänomene der Tier- und Pflanzenwelt. Kinder haben noch ein Auge für das Kleine und Unscheinbare, das uns Erwachsenen oft entgeht. Häufig betrachten sie ganz versunken ein Blümchen, das sich aus einer Mauerritze windet, oder eine Schnecke, die gemächlich dahinkriecht.

Kinder, die die Natur mit allen Sinnen erleben, die in der Erde wühlen, Blumen gießen, Tomaten ernten oder Schweine füttern dürfen, erfahren dadurch am eigenen Leib, wie wichtig die Natur für uns Menschen ist. Der angeleitete und direkte Kontakt zu Tieren und Pflanzen sensibilisiert Kinder, verantwortungsvoll mit der Natur umzugehen und zeigt ihnen die Notwendigkeit des Naturschutzes auf.

SPAZIERGANG IM REGEN

Wachsmalstift-, Deckfarbenmalerei

MATERIAL

Wasserfeste Wachsmalstifte, Zeichenpapiere
DIN A3, Deckfarben, Schwämme

DURCHFÜHRUNG

Die Kinder stellen sich mit Freunden, Eltern oder
Geschwistern recht groß auf einem Blatt dar. Die
gemalten Figuren halten bunte Regenschirme in den
Händen. Auch Straße und Pfützen legen die Kinder
mit farbigen Wachsmalstiften an.

Viel Zeit sollte auf die sorgfältig dargestellten Regentropfen verwendet werden, die den restlichen
Untergrund füllen.

Schließlich wird das ganze Werk mit wässriger blauer Deckfarbe übermalt und in den Gesichtern mit
dem Schwamm verwischt. Kleine Farbtropfen bleiben auch auf den Wachsflächen stehen und vermitteln noch deutlicher den Eindruck des Regnens.
Jetzt entfalten auch die Wachsfarben ihre volle
Leuchtkraft.

TIPP

Diese Technik lässt sich auch bei anderen Themen („Ich stehe unter der Dusche", „Das Auto wird gewaschen", „Leuchtender Regenbogen am Himmel" oder „Ich trete in die Pfütze, dass es nur so spritzt") erfolgreich anwenden.

DER WIND TREIBT ALLES VOR SICH HER

Malerei, Collage

MATERIAL

Schwarze Tonpapiere DIN A3, Wachsmalstifte, Deckweiß, Pastell-Ölkreiden, Zeichenpapiere DIN A4, Zeitungs- und andere Papierreste, Scheren, Klebestifte

DURCHFÜHRUNG

Für den Hintergrund zeichnen die Kinder mit Wachsmalstiften eine Häuserreihe in das obere Blattdrittel.

Mit stark verdünntem Deckweiß lassen sie nun den Wind aus einer der oberen Ecken diagonal über das Blatt „blasen". Feine, aber auch kräftigere Deck-weißstriche mit einem dünnen Borstenpinsel verdeutlichen die Windrichtung. Auf dem Zeichenpapier stellen die Kinder mit Ölkreiden eine oder zwei Personen dar, die vom Wind getrieben werden. Sie achten darauf, dass beide Arme und Beine zu sehen sind.

Die ausgeschnittenen Figuren erscheinen bewegter, wenn sie leicht schräg im Windstrom befestigt werden. Kleine, ebenfalls gemalte Herbstblätter, Zeitungspapierteile und andere Papierreste betonen die Richtung des Windstoßes noch mehr und müssen sorgfältig überlegt angeordnet werden.

LANDSCHAFT MIT REGENBOGEN

Wachsmalstift-, Ölkreidenmalerei

MATERIAL

Zeichenpapiere DIN A3, mit Wasser vermalbare Wachsmalstifte, Pinsel, Pastell-Ölkreiden

DURCHFÜHRUNG

Die Farben des darzustellenden Regenbogens müssen sich auf die zur Verfügung stehenden Farbtöne der Wachsmalstifte beschränken. Die Kinder beginnen auf jeden Fall mit einem großen, von Rand zu Rand reichendem Bogen in Gelb, da sich diese helle Farbe am leichtesten korrigieren lässt.

Sie verbreitern die Form zu einem sorgfältig ausgemalten Streifen. Darüber malen sie nun immer dunkler werdende Farbstreifen von Orange über Rot, Grün, Violett bis zu Dunkelblau.

Mit quer gelegtem Stift färben sie anschließend die Bodenfläche leicht grün ein, den Himmel rund um den Regenbogen mit Blau und Schwarz.

Mit Wasser und Pinsel vermalen sie nun die einzelnen Farben. Sie achten vor allem beim Regenbogen darauf, dass die jeweiligen Farbtöne klar voneinander abgegrenzt bleiben.

Nach dem Trocknen kann die Landschaft mit vielen Einzelheiten weiter ausgestaltet werden und auch Menschen zeigen. Die Kinder verwenden dazu Ölkreiden und strukturieren vor allem die Wiese sorgfältig durch.

APRILWETTER
Kartondruck, Collage

In die Mitte eines Kartonstücks zeichnen die Kinder einen Kreis, versehen ihn rundum mit Zacken und schneiden die Form aus. Aus Kartonresten stellen sie Augen- und Mundformen her und kleben sie auf die Sonne.

Durch Anreiben eines Zeichenblattes auf die mit gelber Linoldruckfarbe eingewalzte Kartonform entsteht ein Abdruck der Sonne. Er muss trocknen, bevor er ausgeschnitten wird.

Auf der Rückseite des Regenbogen-Buntpapiers entwerfen die Kinder einfache Wolkenformen, die zum dunkleren Ende hin immer größer werden. Nach dem Ausschneiden ordnen sie diese so auf dem hellblauen Tonpapier an, dass sich die hellsten Wolken am oberen Blattrand befinden, die dunkleren in der Mitte und unten. Beim Festkleben schieben sie die Sonnenform dazwischen.

Sorgfältig gezeichnete Regenschauer fallen aus den dunkelsten Wolken zur Erde.

MATERIAL
Dünne Kartonstücke 25 x 25 cm, gelbe Aqua-Linoldruckfarbe, Glasplatte, Farb- und Andruckwalze, Zeichenpapiere DIN A4, hellblaue Tonpapiere 25 x 35 cm, Regenbogen-Buntpapiere mit weiß-grau-dunkelgrauem Farbverlauf, Metallic-Ölkreiden in Blau, Bleistifte, Scheren, Klebestifte

WETTERHÄUSCHEN
MIT BEWEGLICHEM ZEIGER

Filzstiftmalerei, Collage

MATERIAL

Einfache schwarze Hausformen aus Karton (Grundfläche = 20 cm, Seitenwände = 16 cm, Giebelhöhe = 21 cm), Bogenfensterformen aus rotem und blauem Karton (Innenteile der ALS-Sechseckaternen, sonst nach Schablone), Zeichenpapiere DIN A4, Schablonen für kleinere Bogenfenster, Zeiger und Wolkenform, gelbe Tonkartonreste, Bleistifte, Scheren, Fasermaler, Stichel, Musterbeutelklammern, Klebestifte

DURCHFÜHRUNG

Die Kinder zeichnen die kleineren Bogenfenster zweimal auf Zeichenpapier ab und malen zwei formatfüllende Figuren hinein. Eine befindet sich im Sonnenschein, die andere hält einen Schirm, denn bei ihr regnet es.

Die ausgeschnittenen Fenster kleben sie unten bündig auf eine rote und eine blaue Kartonform und

befestigen diese ebenfalls unten abschließend auf dem schwarzen Tonkartonhaus.

Eine weiße Wolkenform schmückt den Giebel. Dort wird auch der gelbe Zeiger mit einer Musterbeutelklammer beweglich angebracht. Er kann nun dem Wetter entsprechend eingestellt werden.

TIPP

Zwei mit den Rückseiten aneinander befestigte Wetterhäuschen können frei schwebend an der Decke aufgehängt werden und bilden einen schönen Raumschmuck.

HÜHNER AUF DER WIESE
Faltarbeit, Ölkreidenmalerei

DURCHFÜHRUNG

Anhand eines großen Papierquadrats wird den Kindern der Faltvorgang Schritt für Schritt vorgemacht. Sie sollten erst an einigen Probepapieren das Umfalten von Kopf und Schwanzteil üben können.

Sie stellen zwei oder drei unterschiedlich große Vögel in verschiedenen Farben her und kleben sie versetzt zueinander auf den Untergrund.

Mit Pastell-Ölkreiden erhalten die Tiere Augen, Schnäbel und Beine. Eines von ihnen soll durch seinen Kopflappen und den bunt gemusterten Federschwanz deutlich als Hahn erkennbar sein.

Gras, Blumen, Sonne, Wolken, Vögel oder Schmetterlinge können die freien Flächen rund um die Hühnerschar herum füllen.

MATERIAL

Helle Faltpapiere 20 x 20 cm und 10 x 10 cm, Pastell-Ölkreiden, dunkelgrüne Tonpapiere DIN A4 als Untergrund, Klebestifte

Huhn

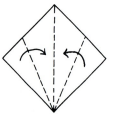

1. Seitenteile an die Diagonale falten

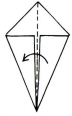

2. zusammen-klappen

3. Schwanzteil nach oben falten

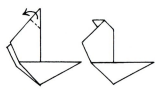

4. Schnabel nach hinten und unten falten

TIPP

Mit etwas Faltübung kann die Kopfform auch nach innen und der Schwanz um den Körper herum gefaltet werden, was die Tiere in sich stabiler macht. Sie sehen dann auf beiden Seiten gleich aus.

DIE KATZE GEHT SPAZIEREN
Deckfarbenmalerei

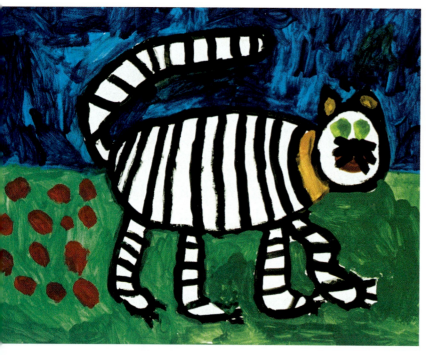

DURCHFÜHRUNG

Die Kinder zeichnen ihr Tier ohne Vorzeichnung gleich auf das Blatt. Damit die Katzen nicht zu klein werden, fahren sie die Tierform zuerst mit dem Finger in der gewünschten Größe auf dem Blatt vor.

Sie können ihre Katze weiß lassen, schwarz ausmalen und mit Streifen oder Flecken versehen. Dabei kann auch etwas Deckweiß verwendet werden.

Haben die Tiere Gesichtszüge erhalten, gestalten die Kinder den Hintergrund in kontrastierenden Farbtönen aus.

MATERIAL
Zeichenpapiere DIN A3, Deckfarben

EIN PRÄCHTIGER HAHN

Deckfarbenmalerei

MATERIAL

Zeichenpapiere DIN A3, Deckfarben

DURCHFÜHRUNG

Bei dieser Aufgabe werden die Farben nur rein und ungemischt verwendet. Aus diesem Grund eignet sie sich gut für Anfänger beim Deckfarbenmalen.

Die Kinder zeichnen mit dem Finger die Größe des Hahns auf dem Blatt vor, damit dieser schließlich das Format möglichst füllt. Sie malen ihn in bunten Farbtönen aus und versehen ihn mit Kopf, Kamm und Kinnlappen sowie mit Beinen und prächtigen Schwanzfedern.

Während der Arbeit sind immer wieder Hinweise angebracht, die Farben dickflüssig zu verwenden und darauf zu achten, dass sie nicht ineinander laufen. Beim Wechseln des Farbtons ist der Pinsel gründlich zu reinigen und mit dem Mallappen zu trocknen.

SPINNEN

Kartonplastik

MATERIAL

Braune Tonkartonstücke 11 x 11 cm, Spinnenschablonen, gelbe und weiße Holzfarbstifte, dc-fix-Reste in Gelb und Rot (auch Ton- oder Glanzpapierreste), Alleskleber, Scheren, Wackelaugen

DURCHFÜHRUNG

Die Kinder umfahren die Schablone auf dem Tonkartonstück, schneiden die Form sorgfältig aus und verwenden die Rückseite weiter. Sie versehen das Tier mit einem auffallenden Kreuz auf dem Rücken und bringen mit Alleskleber die Wackelaugen an.

Zum Schluss falten sie die acht Beine senkrecht nach unten und wandeln so die Arbeit in eine kleine Plastik um.

SITZENDE HASEN
Holzfarbstiftzeichnung, Kartonplastik

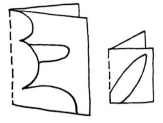

MATERIAL
Kopierpapiere und Tonkartonstücke in Brauntönen
DIN A4 und DIN A5, Glanzpapierreste in Weiß, Rot
und Schwarz, weiße und braune Holzfarbstifte, Bleistifte, Scheren, Klebestifte

DURCHFÜHRUNG
Die Kinder falten die beiden Kopierpapiere in unterschiedlichen Größen jeweils in der Mitte. An die
Falzlinie des größeren Blattes zeichnen sie eine halbe Hasenform ohne Ohren, an die des kleineren
einen „Löffel" (siehe Skizze).

Nach Überprüfung schneiden sie beide Formen aus,
falten sie auf und übertragen sie auf braune Tonkartonstücke.

Nach dem Ausschneiden kleben sie die Ohren hinter
dem Kopf fest und gestalten die Gesichter mit Holzfarbstiften und Glanzpapierformen aus.

Eine Geduldsarbeit stellt das Zeichnen des Fells auf
beiden Seiten der Tonkartonfigur dar. Die Hasenoh-
ren erhalten noch helle Innenflächen, dann können
Arme und Beine nach vorn gebogen werden, und
schon können die Tiere überall sitzen!

TIPP
Auf ähnliche Weise können auch menschliche Figu-
ren gearbeitet und zu einer Plastik gefaltet werden.
Babys oder Clowns eignen sich hier besonders gut.

143

SCHNECKEN ZUM AUFSTELLEN

Kartonplastik

MATERIAL

Dunkelbraune Tonkartonstücke 12 x 14 cm in der Mitte gefaltet, Kreisschablonen Ø 6 cm und 5,5 cm, Klebestifte, schwarze und weiße Holzfarbstifte, Bleistifte, Scheren

DURCHFÜHRUNG

An der Falzstelle des Tonkartonstücks zeichnen die Kinder über die ganze Länge eine schmale Walzenform, die auf einer Seite als schmaler Zacken endet (siehe Skizze). Sie legen die große Kreisschablone so darauf, dass sie die Falzlinie berührt, umfahren sie und schneiden die ganze Form doppelt aus.

Nun biegen sie die beiden runden Teile erst nach außen, dann nach oben und kleben sie aneinander fest. Den Schneckenkörper in der Mitte formen sie flach aus, sodass das Tier darauf stehen kann.

Die kleineren Kreisformen werden auf den hellbraunen Tonpapieren umfahren, jeweils mit einer Spiralform versehen und mit verschiedenen Mustern ausgeschmückt. Hierzu verwenden die Kinder weiße und schwarze Holzfarbstifte. Nach dem Ausschneiden bringen sie die Formen beidseitig an ihrer Schnecke an.

TIPP

Die Schneckenfühler müssen nahezu waagerecht nach vorne weisen, wenn sie sich später leicht nach oben biegen lassen sollen. Es empfiehlt sich daher, vorher einen eigenen Entwurf zu machen, um die Problematik zu erkennen.

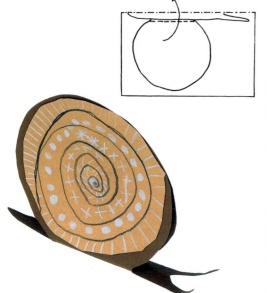

KÄFER MIT PAPPROLLENBEINEN

Ausgestaltete Kartonplastik

MATERIAL

Toilettenpapierrollen, schwarze Tonkarton-stücke 9 x 15 cm, Käferschablonen, braune Mikrowellpappe, schwarze Fasermaler, Bleistifte, Stichel, schwarze Chenilledraht-stücke 15 cm lang, gel-be Holzperlen Ø 8 mm, Scheren, Alleskleber

DURCHFÜHRUNG

Ein Erwachsener schnei-det aus den Papprollen längs einen Streifen her-aus, dessen Breite etwa ein Drittel des Umfangs beträgt. Die Kinder verse-hen beide Seiten der Reststücke mit zwei einge-schnittenen Zacken und runden den Rollenteil an den Außenseiten etwas ab. So erhalten sie beidsei-tig je drei Käferbeine.

Mit Hilfe einer Schablonenform entstehen aus schwar-zem Fotokarton die Körper und aus Wellpappe der Flügelteil. Von Letzterem muss die Kopfform abge-schnitten werden.

Die Kinder kleben die Flügel auf den Körper und gestalten sie mit schwarzem Fasermaler aus. Dann bohren sie mit dem Stichel zwei Löcher in den Kopf, schieben ein Pfeifenputzerstück durch und biegen es als Fühler in Form. Die Spitzen können gelbe Perlen bilden.

Zum Schluss befestigen sie den Körper mit Alles-kleber auf dem Beinteil.

WINTERBAUM – SOMMERBAUM

Klappdruck, Ölkreidenmalerei

MATERIAL

Einmal in der Mitte gefaltete, hellblaue Tonpapiere DIN A3, Pastell-Ölkreiden, Deckfarben

DURCHFÜHRUNG

Es wird geklärt, dass alle Äste vom Stamm aus nach oben wachsen, sich vielfach verzweigen und zur Spitze hin verjüngen.

Mit brauner Deckfarbe lassen die Kinder nun auf einer Seite des aufgefalteten Tonpapiers einen Baum „wachsen". Nach jedem Pinselstrich klappen sie das Blatt zusammen, damit gleichzeitig ein seitenverkehrter Abdruck entsteht. Es kann auf beiden Seiten gemalt, aber schwache Abdrücke sollten nicht durch Nachfahren „verbessert" werden.

Nach dem Trocknen bemalen die Kinder den Winterbaum mit Schnee, der besonders in den Astgabeln liegen bleibt und dort kleine Polster bildet. Den Boden überzieht eine Schneedecke, und nur Amseln oder Krähen lassen sich dort sehen.

Der Baum im Sommer trägt an Ästen und Zweigen rundum Blätter in verschiedenen Grüntönen, die auch die Spitzen schmücken. Auf der grünen Wiese rund um den Laubbaum können schöne bunte Blumen wachsen.

TIPP

Es ist eine reizvolle Arbeit für die Kinder, einen
Klappdruck herzustellen, der zunächst nicht einmal
ein Thema haben muss. Dieses kann sich aus zufäl-
lig entstehenden Farbflächen ergeben und so zu
einer individuellen Ausgestaltung führen.

BELAUBTER BAUM
Mosaik

MATERIAL
Schwarze Tonpapiere
DIN A4, farbige Zeit-
schriftenteile in Grün-,
Blau- und Brauntönen,
Scheren, Klebestifte

DURCHFÜHRUNG

Aus Papieren in verschiedenen Brauntönen schneiden die Kinder Streifen und mehrere kleinere Rechtecke zu und kleben daraus den Stamm. Dieser sollte etwa bis zur Mitte des Blattes reichen.

Aus grünen Zeitschriftenpapieren gestalten sie anschließend die Belaubung. Die Teile hierfür schneiden sie annähernd rund und bringen sie so an, dass
sie sich teilweise überschneiden und den schwarzen Untergrund vollständig abdecken.

Auch „Wolken" oder „Himmel" entstehen aus rund
geschnittenen Formen, dieses Mal aus hellblauen
Papieren. Mit diesen umgeben die Kinder die Baumkrone oder bilden mit ihnen die obere Begrenzung
des Blattes.

TIPP

Farbige Zeitschriftenteile lassen sich oft und vielsei-
tig einsetzen und sollten in Schachteln gesammelt
werden. Die Kinder können daraus eine Apfelform
als Mosaik gestalten, die dann mit anderen Früchten zusammen eine Schale füllt. Wirkungsvoll sind
auch auf diese Weise ausgestaltete Ostereier (siehe
Seite 52).

BLUMENWIESE
Wachsmalerei, Collage

MATERIAL
Zeichenpapiere DIN A4, Wachsmalstifte, Scheren, Klebestifte

DURCHFÜHRUNG
Ein erstes Blatt färben die Kinder möglichst gleichmäßig und deckend als Untergrund ein. Zwei Drittel bemalen sie mit blauer Farbe für den Himmel, das untere Drittel wird braun.

Auf einem zweiten Blatt malen sie eine Reihe von Blütenformen, die sie ausschneiden, in unterschiedlichen Höhen auf dem Hintergrund anordnen und nur mit dem mittleren Teil festkleben.

Die Blütenblätter werden anschließend nach oben gebogen, um eine plastische Wirkung zu erzielen. Interessant sind auch doppelte und versetzt übereinander befestigte Formen.

Stängel und Blätter malen die Kinder separat, schneiden sie aus, schieben sie unter die Blüten und kleben sie fest.

TIPP
Arbeitssparend ist es, als Untergrund bereits farbige Tonpapiere zu verwenden.

SONNENBLUME
Deckfarben-, Ölkreidenmalerei, Collage

MATERIAL
Zeichenpapiere DIN A3 und DIN A4, Deckfarben, zwei Kreisschablonen Ø 7,5 und 9 cm, braune Tonpapiere 10 x 19 cm, Bleistifte, Pastell-Ölkreiden, Scheren, Klebestifte

DURCHFÜHRUNG
Die Kinder färben ein angefeuchtetes großes Zeichenblatt ganz mit blauer Farbe ein, die sie recht wässrig verwenden. Ein kleines Blatt bemalen sie mit Gelb, Orange und den daraus entstehenden Mischtönen.

Nach dem Trocknen zeichnen sie in der oberen Hälfte des blauen Blattes die kleine Kreisschablone ab. Das gelbe Papier schneiden sie zuerst in 6–8 cm breite Streifen, dann in Dreieckformen, die sie rund um die Vorzeichnung ankleben.

Mit der größeren Kreisschablone stellen sie aus braunem Tonpapier den Blütenboden her, den sie über den Blütenblättern befestigen und mit Ölkreiden ausgestalten.

Der Stängel sollte bis zum unteren Bildrand reichen. Ebenso wie die leicht runden Blätter malen ihn die Kinder mit grüner Kreide dazu.

TIPP
Auf quadratischem Papier und mit einem gelben Tonpapierkreis in der Mitte können die Kinder so auch eine Sonne gestalten.

MOHN UND KORNBLUMEN AM FELDRAND

Deckfarben-, Ölkreidenmalerei

DURCHFÜHRUNG

Ein quer liegendes Zeichenblatt feuchten die Kinder im oberen Drittel mit dem Schwamm an und bemalen diesen Teil blau. Der Rest des Blattes wird gelb. Damit die beiden Farbtöne nicht ineinander laufen, lassen sie einen schmalen Streifen weiß, der zum Abschluss von einer Hügelkette in ermischten Grüntönen verdeckt wird.

Kornblumen und Mohnblüten schmücken das Bild in der unteren Hälfte. Die Kinder malen sie mit leuchtenden Ölkreiden sorgfältig aus und führen die Stängel bis zum Blattrand.

Mit Ocker gliedern sie schließlich die übrige gelbe Fläche, indem sie mit vielen, dicht neben- und übereinander liegenden Strichen Kornähren darstellen.

ICH HELFE BEIM MÜLL SORTIEREN

Faltarbeit, Malerei, Collage

MATERIAL

Kopierpapiere DIN A5 in Orange und Dunkelgrün,
dunkelblaue Tonpapiere DIN A4, Pastell-Ölkreiden,
Scheren, Klebestifte, Lebensmittelprospekte

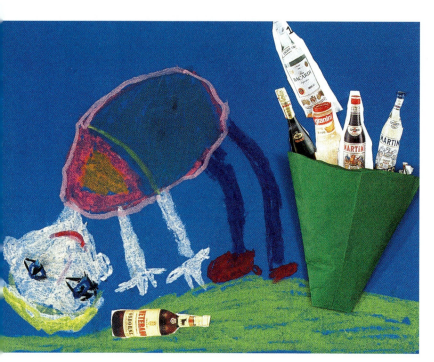

DURCHFÜHRUNG

Zuerst falten die Kinder die benötigten „Mülleimer".
Sie falzen dafür eine Schmalseite an die Längsseite,
biegen das überstehende rechteckige Papier über
die Dreieckform, kleben es fest und falten schließlich noch den letzten Überstand nach hinten um die
Tüte herum.

Wenn sie die Form nun öffnen und im rechten Winkel wieder zusammendrücken, wird sie plastisch.
Das Dreieck am oberen Rand wird nach innen, der
untere Teil der Tüte nach hinten gefaltet, und der
Eimer ist fertig.

Die Kinder kleben ihre beiden Mülleimer an die
äußeren Ränder des Tonpapiers und malen sich
selbst dazwischen. Sie sollten sich – mit ausreichend großem Kopf – möglichst formatfüllend
darstellen.

Aus dem Prospektmaterial schneiden sie Abbildungen von Flaschen, Dosen und Schachteln aus, die sie getrennt in ihren beiden Behältern sammeln wollen. Zusammengeknüllte Papierreste im Innern der Eimer sorgen dauerhaft für eine plastische Form.

TIPP

Die Kinder wissen zwar bereits, dass Glas und Papier gesondert gesammelt werden, aber durch diese Themenstellung wird ihnen das Problem auch persönlich nahe gebracht. Eine Abwandlung der Aufgabe wäre, große Faltbehälter an der Wand anzubringen, die die Kinder in Gruppenarbeit „richtig" füllen dürfen.

ICH FÜTTERE DIE VÖGEL IM WINTER

Ölkreidenmalerei, Collage

MATERIAL

Dunkelblaue Tonpapiere DIN A4, beklebt mit einem weißen Zeichenpapierstreifen, Zeichenpapiere DIN A4, Pastell-Ölkreiden, Scheren, Klebestifte

DURCHFÜHRUNG

Die Kinder stellen sich selbst dar, wie sie im Winter die Vögel füttern. Dafür malen sie sich formatfüllend auf ein Zeichenblatt im Querformat und beginnen mit der Kopfform, deren Größe sich noch leicht korrigieren lässt.

Sie verwenden die Farben mit Druck und füllen alle Flächen so aus, dass der weiße Untergrund nicht mehr durchscheint. Deutlich soll die Winterkleidung wie Schal, Mütze oder Handschuhe zu erkennen sein.

Rund um die Figur ist noch Platz für viele Vögel. Jedes Tier wird mit Kopf und Körper, Schnabel, Flügel und Schwanzfedern dargestellt. Nur die Beine lassen sich später viel einfacher direkt auf den Untergrund zeichnen.

Nach dem Ausschneiden aller Teile ordnen die Kinder diese ausgewogen auf ihrer Schneelandschaft an und kleben sie fest. Dann ergänzen sie die Gestaltung mit Vogelbeinen, Krallen und stellenweise verstreutem Vogelfutter.

TIPP

Kleine Blumentöpfe werden mit einer Aufhängekordel versehen und mit Vogelfutter gefüllt, das mit erwärmtem Hartfett gemischt wurde. Nach dem Erkalten müssen die Töpfe im Freien aufgehängt werden. Dort können die Kinder dann vor allem den Meisen beim Fressen zusehen!

Aber auch ein richtiges Futterhaus ist unter Mithilfe eines Erwachsenen schnell gebaut – ein Bausatz erleichtert die Arbeit enorm.

Das Thema ist für Kinder leicht nachvollziehbar, vor allem, da es ihnen Gelegenheit zu aktivem Tun gibt. Sie müssen aber immer wieder daran erinnert werden, das Füttern auch regelmäßig durchzuführen!

EIN SCHLAFPLATZ FÜR DEN IGEL

Materialcollage, Raumgestaltung

MATERIAL

Schuhkartons, Herbstblätter, Rindenstücke, Eicheln, kleine Kastanien, Äste, Maishüllen u. Ä., in der Mitte gefalzte braune Tonkartonstücke 18 x 24 cm, Igelschablonen, Tonpapierreste in verschiedenen Brauntönen, schwarzes Glanzpapier, selbstklebende Markierungspunkte in Weiß Ø 13 mm und in Schwarz Ø 8 mm, Bastelkleber, Bleistifte, Scheren

DURCHFÜHRUNG

Der Karton wird innen rundum mit Herbstblättern ausgekleidet. Die Blätter sollten dicht nebeneinander geklebt werden und sich auch etwas überlappen, sodass der Karton nicht durchscheint.

Den Igel stellen die Kinder nach Schablone aus doppelt liegendem Tonkarton her. Bis zur Markierungslinie am Rücken (die mit Hilfe einer verkleinerten Schablone entsteht) versehen sie ihren Igel mit dicht nebeneinander liegenden Einschnitten. Diese oberen „Stacheln" falzen sie abwechselnd nach vorn und nach hinten.

Weitere Stacheln entstehen aus unten umgeknickten spitzen Dreieckformen. Mit leicht auseinander gebogenen Beinen wird das Tier im Karton befestigt und mit weiteren herbstlichen Fundstücken umgeben.

GELBER SACK – GRÜNER PUNKT

Collage

MATERIAL

Gelbe Tonpapiere 50 x 35 cm, grüne Kopierpapierblätter DIN A5 mit vergrößerten „Grünen Punkten" darauf, vielerlei Prospekte mit Lebensmittelabbildungen, schmales grünes Geschenkband, Stichel, Scheren, Klebestifte

DURCHFÜHRUNG

Die Kinder suchen nach grünen (bzw. schwarzen) Punkten auf allerlei Schachteln und Verpackungen. Sie erfahren, aus welchem Grund es sie gibt und dass Materialien, die sie tragen, wieder verwertbar sind.

Sie schneiden aus gelbem Tonpapier eine einfache Sackform, die sie mit ausgeschnittenen Waren füllen, deren Verpackung den „Grünen Punkt" zeigt. Zur Verdeutlichung kleben sie darüber und dazwischen noch einige Kreisformen aus dem grünen Kopierpapier.

Mit dem Stichel bohren sie am oberen Rand des Sackes zwei Löcher, durch welche sie ein grünes Band ziehen und damit den Sack zubinden.

TIPP

Der „Gelbe Sack" ist nur gebietsweise eingeführt und entspricht etwa der „Grünen Tonne" anderswo. Die Themenstellung sollte den örtlichen Gegebenheiten angepasst werden.

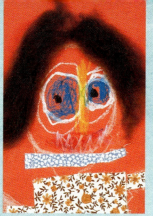

VI.
KINDERGARTEN
UND SCHULE

VI. KINDERGARTEN UND SCHULE

Die Familie bietet Kindern die erste Möglichkeit Sozialisierung zu erfahren. Mit dem Eintritt in den Kindergarten oder in die Schule erweitert sich das Beziehungsspektrum eines Kindes gewaltig. Es lernt eine neue Umgebung kennen, trifft andere Kinder, schließt Freundschaften, muss sich neu behaupten und wird ein kleines Stück selbstständiger und erwachsener.

Erzieher oder Lehrer stellen neue, zentrale Bezugspersonen dar, die das Kind mit den bereits bekannten Erwachsenen vergleicht.

Kinder werden durch den Eintritt in den Kindergarten oder in die Schule mit neuen Regeln, Beziehungsstrukturen und Tagesabläufen konfrontiert, denen sie so bisher nicht begegnet sind. Meist freut sich das Kind auf die neuen Herausforderungen, die in Kindergarten und Schule warten. Aber da ein neuer Abschnitt auch immer Abschied vom Bisherigen und eventuell auch Angst vor dem Unbekannten bedeuten kann, sollte ein Kind sehr behutsam auf ein solches Ereignis vorbereitet werden.

MEINE ERZIEHERIN
Ölkreidenzeichnung, Applikation

DURCHFÜHRUNG

Mit dem Finger zeichnen die Kinder auf dem Tonpapier Ort und Größe der geplanten Kopfform vor und lassen sich gegebenenfalls korrigieren, bevor sie den Kopf mit kräftigem Ölkreidenstrich zeichnen.
Sie fügen Hals und Körper, ausgestreckte Arme mit Händen und Beine an, die bis zum unteren Bildrand reichen.

MATERIAL

Rote Tonpapiere 25 x 35 cm, Pastell-Ölkreiden, klein gemusterte und einfarbige Stoff- und Filzstücke, Borten, Märchenwolle in Braun und Gelb, Scheren, Klebestifte

Bei der Gestaltung des Gesichts legen sie die Augen mit der Pupille, der farbigen Iris und mit weißem Augapfel an. So werden diese besonders ausdrucksstark.

Aus zurechtgeschnittenen Stoffstücken ihrer Wahl bilden die Kinder die Kleidung, die eher etwas zu groß als zu klein ausfallen sollte. Eine Frisur aus Märchenwolle schmückt schließlich den Kopf.

WIR SIND FREUNDE
Fensterfolien-Collage

DURCHFÜHRUNG

Um unnötigen Verbrauch des Materials zu vermeiden, erhalten die Kinder gleich zu Beginn der Arbeit bereits zugeschnittene quadratische und leicht rechteckige Fensterfolienstücke in Kopfgröße. Nun müssen die Kinder nur noch vorsichtig die Ecken abrunden und können dann gleich über Köpfe in der benötigten Größe verfügen.

Sie kleben diese auf die Folienplatte (von der sie sich bei Bedarf leicht wieder abziehen lassen) und setzen Hals und Ohren an.

Der Oberkörper entsteht wieder am einfachsten aus einem rechteckigen, leicht abgerundeten Stück. So werden alle Einzelteile aneinander gefügt. Besondere Sorgfalt sollte auf die Ausgestaltung von Gesichtszügen und Frisuren gelegt werden.

MATERIAL
Glasklare PVC-Fensterfolienplatten DIN A4, selbsthaftende farbige Fensterfolie, Scheren

UNSERE GRUPPE
Filzstiftmalerei, Gruppenarbeit

MATERIAL
Dunkelgrünes Tonkartonquadrat 25 x 25 cm, dunkelgrünes Tonpapier 25 x 35 cm, Postkartenzuschnitte, Fasermaler, Scheren

DURCHFÜHRUNG
Ein Erwachsener faltet das Tonpapier einmal in der Mitte, zweimal zur Mitte hin, wendet das Blatt und bildet Zwischenfalten. Die beiden äußeren Enden klebt er dann bündig auf das Tonkartonquadrat.

Jedes Kind malt sich selbst auf einen weißen Postkartenzuschnitt und schneidet die Figur aus.

Da die Füße an nicht vorhersehbaren Stellen sitzen, erprobt die Erzieherin, wo in den beweglichen Falten des grünen Untergrunds Einschnitte gemacht werden müssen, damit alle Kinder ihren Platz finden und sicheren Halt haben.

TIPP
Als Einzelarbeit gestalten die Kinder auf diese Weise „Schneewittchen und die sieben Zwerge". Wenn die Figuren unten mit einem breiten Rand enden, können die Einschnitte beliebig angebracht werden.

VIELE KINDER BESUCHEN DEN KINDERGARTEN

Ausgestaltete Faltarbeit

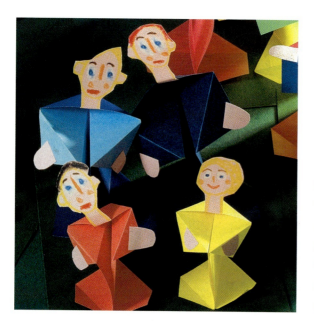

MATERIAL

Zweiseitig unterschiedlich gefärbte Faltpapiere, Tonpapiere in Gesichtsfarbe, Regenbogen-Transparentpapiere 14 x 14 cm, 12,5 x 12,5 cm und 9 x 9 cm, Karton für die Grundfläche 14 x 14 cm, Faltanleitung, Holzfarbstifte, Scheren, Klebestifte

DURCHFÜHRUNG

Die Kinder falten nach Faltanleitung drei „Hausformen" in unterschiedlichen Größen. Auf eine der Giebelwände gestellt, werden sie zu den Körpern der Figuren, die auf einem kleinen Kartonquadrat Platz finden. Die Kinder kleben sie dort so fest, dass sie in verschiedene Richtungen weisen.

Auf einem Probepapier entwerfen sie eine einfache Kopfform mit überlangem Hals. Stimmt die Größe, schneiden sie die Form aus und umfahren sie mit gelbem Stift auf dem Tonpapier in Gesichtsfarbe.

Sie versehen die Köpfe mit Gesichtszügen, Ohren und Frisuren und kleben sie nach dem Ausschneiden am umgefalteten Hals unter die obere „Giebelfläche". Die in Form gefalteten „Arme" schmücken sie noch mit einfachen, doppelt geschnittenen Handformen aus Tonpapier.

TIPP

Die Figuren erweisen sich als standfester, wenn die Körper aus Tonpapierquadraten gefaltet werden. Dies fällt den Kindern allerdings etwas schwerer.

Figur

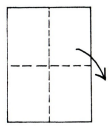

1. Kreuz falten, nach hinten klappen

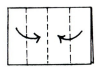

2. zur Mitte falten

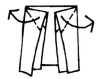

3. Ecken ausformen

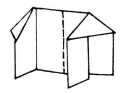

4. aufklappen

ERST KOMMT DER SONNENKÄFERPAPA

Ölkreidenmalerei, Faltschnitt, Collage

MATERIAL

Dunkelblaue Tonpapiere DIN A4, Pastell-Ölkreiden, rotes Glanzpapier, Scheren, Klebestifte, schwarze Permanent-Marker

DURCHFÜHRUNG

Die Kinder unterteilen den blauen Untergrund mit geschwungenen grünen Linien, die das ganze Blatt gliedern und immer von Rand zu Rand reichen.

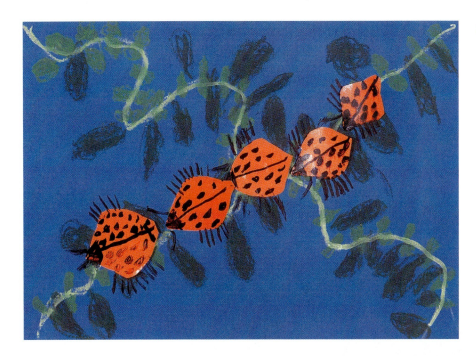

TIPP

Plastisch wirken die Käfer, wenn sie aus roten Glanzpapierquadraten in unterschiedlichen Größen als Faltarbeit hergestellt werden.

Marienkäfer

1.
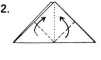

2.

3.

4.

5.

Sie verstärken diese Striche nochmals und versehen sie beidseitig mit Blattformen in anderen Grüntönen.

Rote Glanzpapierstücke falten sie so, dass die Farbseite innen liegt. Dann schneiden sie von der Falzkante ausgehend ohne Vorzeichnung Halbkreise in verschiedenen Größen aus. Die aufgeklappten Teile ordnen sie so auf dem Tonpapier an, dass der größte Käfer als Papa vorneweg marschiert und die anderen ihm, immer kleiner werdend, im Gänsemarsch folgen.

Zur Ausgestaltung der Käfer mit schwarzen Köpfen, Fühlern, Beinen und Punkten verwenden sie Permanent-Marker.

ALLE MEINE ENTCHEN

Filzstiftmalerei, Faltarbeit, Plastik

MATERIAL

Dunkelblaue Tonpapiere DIN A4, helle Aktendeckelkartonstücke, Fasermaler mit breit malenden Spitzen, grüne Tonpapierreste, Scheren, Klebestifte,
Abbildungen von Enten

DURCHFÜHRUNG

Die Kinder stellen zuerst den Untergrund her, indem
sie das blaue Tonpapier einmal in der Mitte quer,
dann zweimal zum Mittelfalz hin und schließlich auf
der Rückseite weiter zur „Ziehharmonika" falten.
Kleine Einschnitte in diesen „Faltwellen" sollen die
Entenfamilie aufnehmen.

Nach genauer Betrachtung und ausführlicher Be-
sprechung mehrerer Entenabbildungen zeichnen die
Kinder verschiedene Tiere auf Kartonstücke und
bemalen nach dem
Ausschneiden auch die
Rückseiten.

Unter Mithilfe eines Er-
wachsenen werden die
Enten versetzt zuein-
ander in die Einschnitte
der Wellen gesteckt.
Aus grünen Tonpapier-
resten schneiden die
Kinder schmale Gras-
formen, die sie zwi-
schen ihren Tierfami-
lien anbringen. Sie
sollen den Eindruck
von „Schilf" vermitteln.

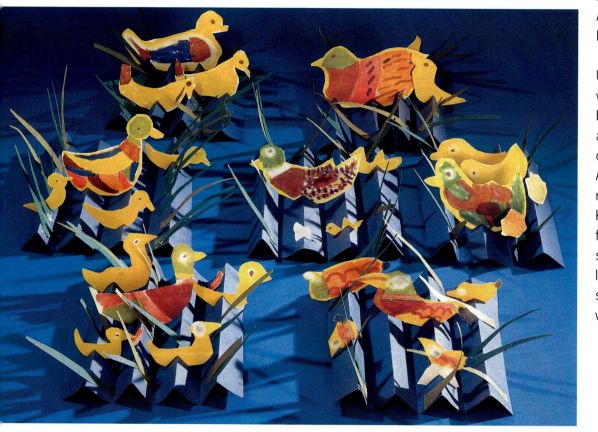

HÄNSCHEN KLEIN

Deckfarbenmalerei, Collage

MATERIAL

Zeichenpapiere DIN A3, Deckfarben mit Gesichtsfarbe, Schwämme, Strukturpapiere, Scheren, Klebestifte

DURCHFÜHRUNG

Die Kinder grundieren ein gut angefeuchtetes Blatt hellblau und lassen es trocknen.

Mit Gesichtsfarbe und wenig Wasser malen sie den Kopf aus einem Farbklecks heraus, bis die Größe stimmt und setzen Hals und Ohren an. Mit kontrastierenden Farben gestalten sie anschließend die Kleidung, versuchen dabei, das Format zu füllen und versehen ihre Figur noch mit Händen.

Dass Hänschen noch klein ist, wird anhand von Vaters großem Stock und Hut verdeutlicht. Die Kinder schneiden die entsprechenden Teile aus dem Strukturpapier und befestigen sie auf ihrem Bild.

169

HÄNSEL UND GRETEL VERIRRTEN SICH IM WALD

Filzstiftmalerei, Kartonplastik, Raumdarstellung

MATERIAL

Schuhkartons mit herausgeschnittenem langen Seitenteil, Schulmalfarbe in Schwarz, breite Pinsel, Vario-Kartons „Sternennebel", „Nadeln" und „Blätter", gelbe Aktendeckelkartonstücke 15 x 15 cm für das Haus, 14 x 10 cm für die Hexe, 12 x 8 cm für Hänsel/Gretel, Fasermaler, Lineal, Falzbein, Bleistifte, Scheren, Klebestifte, Alleskleber

DURCHFÜHRUNG

Die Innenseiten des Kartons werden schwarz grundiert. Nach dem Trocknen der Farbe legen die Kinder den Karton auf ein Sternenpapier und fahren seine Umrisse außen nach. Ein Erwachsener schneidet sie etwas schmaler aus. Wenn sie in den Karton passen, kleben die Kinder die Stücke als Rückwand fest.

In gleicher Breite wie der Himmel bekommen sie zwei mit Tannennadeln bedruckte Kartonstreifen (eines in Schachtelgröße, das zweite 6–8 cm hoch) und einen Streifen mit Laub (9–12 cm hoch). Den größten Kartonstreifen versehen sie einseitig mit Zacken und kleben ihn als Nadelwald vor den nächtlichen Himmel.

Die beiden übrigen Kartonstreifen schneiden sie hügel- oder wellenförmig ein, lassen sie von einem Erwachsenen am unteren Rand 2–3 cm breit umfalzen und befestigen sie hintereinander auf der Grundfläche.

Auf Aktendeckelkartonstücken gestalten sie jeweils formatfüllend das Hexenhaus, die Hexe sowie Hänsel und Gretel, wobei sie die erste Zeichnung mit gelbem Stift ausführen. Nach dem Ausschneiden der Figuren werden sie so an Hintergrund oder Vario-Kartonstreifen festgeklebt, dass sie sich gegenseitig nicht allzu sehr verdecken.

TIPP

Die angebotenen Vario-Kartons sind so stabil, dass sie nicht mehr seitlich befestigt werden müssen. So lassen sich Schuhkartons recht schnell und einfach in die verschiedensten Landschaften verwandeln. Sie können Kinder beim Ostereiersuchen zeigen, einen See für badende oder schwimmende Menschen bieten, den Hintergrund für eine Alm mit Kühen bilden oder zu einer Kulisse für ein Familienpicknick werden.

IM KLASSENZIMMER

Filzstiftmalerei, Raumgefüge, Gruppenarbeit

MATERIAL

Zugeschnittene und bereits gefalzte Aktendeckel-
kartonstreifen für die Schulmöbel, Schülertisch
4,5 x 17,5 cm (gefalzt nach 4 cm und 13,5 cm),
Schülerstuhl 4 x 9 cm (gefalzt bei 2,5 cm und
6,5 cm), Lehrertisch 8 x 13,5 cm (gefalzt bei
4,5 cm und 9 cm), Lehrerstuhl 4,5 x 10,5 cm (gefalzt bei 3 cm und 7,5 cm), weiße Kartonstücke
10,5 x 10,5 cm, Teile von Postkartenzuschnitten,
rote Tonpapierstreifen 6,5 cm breit, weiße Papierstreifen gleicher Breite, weiße selbstklebende Eti-
ketten 38 x 24 mm, Holzfarbstifte in Gesichtsfarbe,
Fasermaler, Scheren, Papierschneidemaschine,
Klebestifte

DURCHFÜHRUNG

Jedes Kind malt sich selbst formatfüllend auf ein
weißes Kartonquadrat und färbt Gesicht und Hände
mit einem Holzfarbstift ein, bevor es die Gesichtszüge und die Frisur anbringt.

Auch die Rückseiten der ausgeschnittenen Figuren
erhalten eine Bemalung, bevor die Kinder sie in
Form biegen und auf einem der Stühle festkleben.

Ein Heft gehört zur Grundausstattung. Ein Erwachsener faltet Ton- und Papierstreifen einmal längs,
klebt den weißen Streifen an der Falzkante in den
roten und schneidet mit der Schneidemaschine ca.
4,5 cm lange Stücke ab. Die Kinder versehen die
Hefte mit einem Etikettenviertel und beschriften es.

Wer schnell gearbeitet und noch Lust hat, kann die
Lehrerin oder den Lehrer auf einem ungekürzten
Postkartenzuschnitt darstellen. Und dann geht es
nur noch darum, wer neben wem sitzen darf!

TIPP

Die Sitzordnung lässt sich natürlich immer wieder verändern, da die Schulmöbel beweglich bleiben. Das Klassenzimmer kann in einem entsprechenden Karton Platz finden, wie hier von zwei aneinander geklebten Tonpapierwänden gebildet werden (die eine Verstärkung aus Mikrowellpappe auf der Rückseite brauchen) oder einfach nur aus Boden und Tafelwand bestehen, die vor einem kleinen Karton klebt.

Die Herstellung der Möbel lässt sich vereinfachen, indem jeweils ein größeres Stück Karton in den entsprechenden Abständen vorgeritzt und dann mit der Papierschneidemaschine in Streifen entsprechender Breite geschnitten wird.

WIR GEHEN IN DIE SCHULE
Pfeifenputzerplastik

MATERIAL
Streichholz-Faltschachteln (auf 5 cm Länge gekürzt), Pfeifenputzerstücke (30 cm und 12 cm lang), mit rosa Plaka-Farbe grundierte Wattekugeln Ø 2,5 cm, Permanent-Marker in Gelb, Orange, Rot, Blau, Grün, Braun und Schwarz, schmale Seiden- oder Krepppapierstreifen in Haarfarben, bunte Flechtstreifen 1 x 15 cm, mit Tonpapier beklebte Bierfilzscheiben, Fasermaler, Scheren, farbige Klebefilmrollen, Klebestifte, Alleskleber

DURCHFÜHRUNG
Aus einem in der Mitte geknickten und etwas verdrehten Pfeifenputzerstück formen die Kinder den Körper und die Beine. Das kürzere Pfeifenputzerstück schieben sie zwischen den oberen Teil des geknickten Pfeifenputzerstücks und stellen damit die Arme dar. Abschließend wird der Kugelkopf angeklebt.

Mit Permanent-Markern gestalten sie die Gesichtszüge, die Frisuren entstehen aus angeklebten Papierstreifen. Die nach vorn gebogenen Füße halten mit Hilfe von kleinen Klebebandstücken auf der bezogenen Bierfilzscheibe, die ein Erwachsener in Form schneidet.

Die Kinder bemalen die graue Seite der Schachtelhülle und die Querseiten des Innenteils mit Fasermalern. Bevor sie die zusammengeklebten Teile ineinander schieben, fügen sie an der Innenseite zwei Tonpapierstreifen ein, die um die Arme der Figürchen herum zu Trageriemen geschlossen werden.

MEIN BANKNACHBAR UND ICH

Filzstiftmalerei, klappbare Kartonplastik

MATERIAL

Tonkartonstücke in warmen Farbtönen 20 x 25 cm, Goldkartonstücke 20 x 9,5 cm, gelbe Aktendeckelkartons 8 x 10 cm, Geschenkpapier- und weiße Kopierpapierstücke 9 x 6,5 cm, in der Mitte gefaltet, zusammengeklebt und mit einem selbstklebenden Namensschild 3,2 x 1,8 cm versehen, Fasermaler, Scheren, Klebestifte

DURCHFÜHRUNG

Ein Erwachsener ritzt das jeweilige Tonkartonstück in der Mitte und faltet es. Anschließend wird es wieder aufgeklappt und an der Falzkante die 3 cm langen Schnittlinien (rechtwinklig zur Falzkante) an folgenden Stellen eingezeichnet: nach 3 cm, 5,5 cm, 3 cm, 5,5 cm, sodass zum Rand wiederum 3 cm bleiben.

Werden die beiden 5,5 cm langen Teile nach innen umgestülpt, bilden sich auf der Innenseite zwei hervorstehende Kartonlaschen.

Auf Aktendeckelkartonstücken malen die Kinder nun sich und ihren Banknachbarn, aber jeweils nur bis zum Bauch, der an der Unterkante endet, ebenso wie die beiden Arme (ohne Hände).

Sie schneiden die beiden Halbfiguren aus und kleben sie an die nach vorn gedrückten Kartonteile. Dann befestigen sie ein Goldkartonstück als Tisch-

oberfläche. Nach selbst erstellter Schablone für Handformen schneiden sie diese aus Kartonresten und lassen sie auf der Tischplatte an den Enden der Arme anschließen.

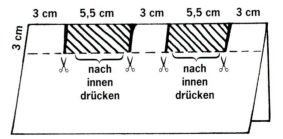

MEINE SCHULTÜTE
Ölkreidenmalerei, Faltarbeit

MATERIAL
Zeichenpapiere DIN A4, Pastell-Ölkreiden, Faltpapiere 10 x 15 cm, gemusterte Seidenpapierreste, Scheren, Klebestifte

DURCHFÜHRUNG
Die Kinder malen sich selbst mit ausreichend großem Kopf und waagerecht ausgestreckten Armen auf das Zeichenblatt, nutzen möglichst die ganze Fläche und zeigen viele schmückende Einzelheiten. Nach dem Ausschneiden gestalten sie auch die Rückseiten von Armen und Händen farbig.

Nach Faltanleitung stellen sie eine kleine Tütenform her, die sie schräg vor dem Körper ihrer Figur befestigen. Dann biegen sie die beiden Arme in Form und kleben sie ebenfalls mit den Händen an der Tüte fest.

Dass diese prall gefüllt ist, wird durch zusammengeknüllte Seidenpapierreste dargestellt, die die Kinder ins Innere ihrer Schultüte schieben und dort befestigen.

TIPP

Statt einer Tüte könnten die Figuren auch eine Katze, einen Hund oder ein Geschwisterchen im Arm halten. Die vorgestellte Technik erlaubt auf einfache Weise die Herstellung eines räumlichen Gebildes, was die Kinder meist sehr fasziniert.

Schultüte

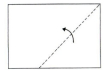

1. umfalten

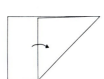

2. umfalten und ankleben

3. umfalten und ankleben

4. auffalten und in Form drücken

RÄUBER HOTZENPLOTZ
Gouachemalerei auf blauem Tonpapier

MATERIAL
Dunkelblaue Tonpapiere DIN A3, Deckfarben mit
Deckweiß

DURCHFÜHRUNG

Der Räuber soll möglichst groß dargestellt werden.
Wird nur wenig Wasser zum Anrühren verwendet,
heben sich die Farben deutlich vom farbigen Untergrund ab. Meist ist ein zweiter Farbauftrag notwen-
dig. Helle Farbtöne mischen die Kinder gleich mit
etwas Deckweiß, das sie auch für einzelne Teile rein
verwenden können.

Die Figur des Räubers entsteht am einfachsten
durch Malen aus einem Farbklecks heraus. So lässt
sie sich auch am leichtesten korrigieren. Noch
feuchte Farbflächen sollten nicht übermalt werden!

Die Kinder versuchen, möglichst viele Details darzustellen, die diesen speziellen Räuber (von Otfried
Preussler) auszeichnen. Dazu gehören natürlich seine sieben Messer und die Pfefferpistole.

TIPP

In dieser Technik könnten die Kinder auch einen
Wassermann, eine Nixe, ein Schlossgespenst oder
einfach sich selbst darstellen.

DIE KLEINE HEXE IM WALD

Wachsmalstiftzeichnung und -malerei, Collage

MATERIAL

Dunkelgrüne Tonpapiere DIN A4, weiße Zeichenpapiere DIN A4, Wachsmalstifte, Scheren, Klebestifte

TIPP

Durch das Bemalen unterschiedlich heller Untergründe lassen sich deutliche Hell-Dunkel- und Qualitätskontraste erzielen.

DURCHFÜHRUNG

Für diese Gestaltung sollten die Kinder die kleine Hexe und einige ihrer Abenteuer (nach dem gleichnamigen Buch von Otfried Preussler) kennen.

Sie beginnen damit, auf dem grünen Papier detailliert und formatfüllend Bäume zu gestalten, um einen passenden Hintergrund zu schaffen.

Auf Zeichenpapier malen sie anschließend die kleine Hexe, deren Farben durch den helleren Untergrund leuchten.

Sie schneiden die sorgfältig ausgemalte Figur aus und befestigen sie vor oder zwischen den Bäumen im Wald.

STRUWWELPETER
Polyblock-Druck

DURCHFÜHRUNG

Nach genauer Besprechung versuchen die Kinder den kleinen Schmutzfink aus längst vergangenen Zeiten formatfüllend darzustellen. Sie zeichnen zunächst die Kopfgröße mit dem Finger vor, bevor sie mit dem Griffel tätig werden.

Struwwelpeter besitzt lange (aber sorgfältig geritzte!) Haare und lange, ungepflegte Fingernägel. Nach Möglichkeit zeigen die Kinder auch noch Einzelheiten der Kleidung.

Die fertig gestellten Druckplatten werden mit schwarzer Linoldruckfarbe eingewalzt und mit einem weißen Blatt bedeckt, das ohne zu verrutschen kräftig an allen Stellen angedrückt wird. Am besten geht dies mit einer Walze. Der vorsichtig abgezogene Abdruck muss ein bis zwei Stunden trocknen, bevor er mit der Papierschneidemaschine gleichmäßig geschnittene Ränder erhält.

MATERIAL

Halbierte Polyblock-Druckplatten, Holzschabegriffel, Glasplatte, Farb- und Andruckwalze, schwarze Aqua-Linoldruckfarbe, Zeichen- oder Kopierpapiere in DIN A4, Schneidemaschine

TIPP

Da sich die Figur besonders gut zur grafischen Gestaltung eignet, lohnt es sich, das alte Kinderbuch von Heinrich Hoffmann in die Hand zu nehmen.

JIM KNOPF UND LI SI
Deckfarbenmalerei

Sie beginnen mit der Gestaltung des Hintergrunds, für den sie das Blatt anfeuchten und etwa zur Hälfte hellblau und zur anderen hellgrün einfärben. Sie achten darauf, dass die beiden Farben nicht ineinander laufen und das Blatt keine weißen Stellen mehr aufweist.

Nach dem Trocknen malen sie in kräftigen Farbtönen den dunkelhäutigen Jim und Li Si mit ihrer gelben Gesichtsfarbe. Sie verwenden die Farben recht trocken und versehen ihre beiden Figuren mit Kleidung, Händen und Füßen.

MATERIAL
Zeichenpapiere DIN A3, Deckfarben mit Deckweiß, Schwämmchen

DURCHFÜHRUNG
Die Kinder sollten das Buch von Michael Ende „Jim Knopf und Lukas der Lokomotivführer" zumindest auszugsweise kennen.

Diese Maltechnik ist bereits eine Fortführung des einfachen Malens und setzt bei den Kindern schon gewisse Grundfertigkeiten voraus.

Sie schmücken alle Teile nach bestem Vermögen weiter aus, füllen die freie Rasenfläche mit vielen bunten Blumen und den Himmel mit Wolken.

PIPPI LANGSTRUMPF

Ausgestaltete Kartonplastik

MATERIAL

Vario-Kartons DIN A4 mit Herzen-, Blümchen- und Karomuster, Schablonen für den Körper, für Kopf- und Schuhform, einfarbige und gestreifte Karton-streifen 2,5 x 18,5 cm für die Beine und rosafar-bene 2 x 22 cm für die Arme sowie in der Mitte ge-falzte Tonkartonstücke 18 x 8 cm für das Gesicht, schwarze Tonpapierreste, Lineal, Falzbein, Scheren, Bleistifte, weiße Markierungspunkte Ø 19 mm, Kle-bestifte, Holzfarbstifte, Naturbast in Rot, Stichel

DURCHFÜHRUNG

Nach Schablone stellen die Kinder den Körper aus einem gemusterten Kartonstück her, lassen ihn an den angegebenen Stellen von einem Erwachsenen vorritzen, falten ihn in Form und kleben ihn oben am Hals zusammen.

Die doppelt geschnittene Kopfform aus rosafarbe-nem Karton versehen sie mit zwei Markierungspunk-ten und zeichnen mit kräftigen Strichen die Gesichtszüge, bevor sie die Form beidseitig am „Hals" befestigen.

Ein einfarbiges und ein gestreiftes Kartonstück kle-ben sie unter der Sitzfläche bis zum hinteren Rand fest.

Vorn an die Enden kommen schwarze Schuhformen, denen die darunter liegenden Streifen angepasst werden. Das rosafarbene Armstück mit beidseitig abgerundeten Enden befestigen die Kinder innen an der Rückseite des Körpers.

Durch ein mit dem Stichel gebohrtes Loch in der Stirn ziehen sie einen Bastfaden und verknoten ihn um ein ganzes Büschel, das sich nochmals zu Zöp-fen abbinden lässt. Nun müssen nur noch die Glied-maßen in Form gefaltet werden, und „Pippi" kann überall Platz nehmen!

VII.
SPIELEN

Spielen ist ein kindliches Grundbedürfnis und stellt eine zentrale Säule des Kindseins dar. Im Spiel bereitet sich das Kind auf verschiedene Situationen des Lebens vor, spielt Erlebtes nach oder gestaltet eigene, fantastische Welten. Bewegungsspiele helfen dabei, körperliche Fähigkeiten zu erproben, die Fein- und Grobmotorik zu schulen und die Körper-Raum-Wahrnehmung zu fördern. Rollenspiele erlauben dem Kind, verschiedene Perspektiven zu erfahren und unterschiedliche Standpunkte auszuprobieren. Dem kindlichen Humor kommen Spiele mit einfachen, lustigen Figuren, wie z. B. dem Kasperl oder Clown, meist sehr entgegen. Solche heiteren Identifikationsfiguren, die nicht aus der realen Welt stammen, bieten Kindern die Möglichkeit, verschiedene Problemsituationen angstfrei mitzuerleben. Schließlich wissen sie, dass diese Figur am Ende immer unbeschadet aus der Situation hervorgehen wird.

AUF DER WIPPE

Collage, Malerei,
bewegliches Bild

MATERIAL

Hellblaue Tonkartons
21 x 24 cm, hellgrüne
Tonpapiere 14 x 24 cm,
Vario-Kartonstreifen
„Moos" 8 x 24 cm, Reste
von Mikrowellpappe in
Beige, braune Wellpappestreifen (4 Rippen breit,
30 cm lang, auf der Rückseite verstärkt mit einem
20 cm langen Reststück), Postkartenzuschnitte,
Fasermaler, Holzfarbstifte, Scheren, Klebestifte,
Stichel, Musterbeutelklammern

DURCHFÜHRUNG

Zunächst wird der Untergrund vorbereitet. Die Kinder kleben das einseitig mit Wellenformen versehene grüne Tonpapier auf das hellblaue, und darüber den Mooskarton. Alle Papiere schließen am unteren Rand bündig miteinander ab.

Auf zwei Postkartenzuschnitten stellen sie zwei Kinder mit leicht gespreizten Beinen dar und schneiden die Figuren aus.

Aus Mikrowellpappe entsteht ein V, das umgedreht in die Mooswiese geklebt wird. Die Kinder durchbohren es am oberen Ende mit dem Stichel, ebenso wie den Mikrowellpappestreifen in der Mitte, führen durch beide Teile eine Musterbeutelklammer und befestigen diese an der Rückseite der Arbeit. Mehrere weiße, mit Holzfarbstiften gestaltete Wolkenformen schmücken den Himmel.

Die Kinder kleben die ausgeschnittenen Figuren auf die Schaukelenden und schieben das vordere Bein dahinter, das andere davor. Die Schaukel ragt an beiden Seiten über den Bildrand hinaus und lässt sich am Überstand auf und ab bewegen.

EIN SPIELHAUS FÜR MICH

Faltarbeit zum Aufstellen

MATERIAL

Regenbogen-Laternenzuschnitte, mit der Schneidemaschine quadratisch auf 20 x 20 cm zugeschnitten, weiße Postkartenzuschnitte 10 x 10 cm, Fasermaler, Holzfarbstifte, Scheren, Klebestifte

DURCHFÜHRUNG

Das Blatt wird zweimal diagonal gefaltet und wieder auseinander geklappt. Nun falzen die Kinder die vier Ecken zum Mittelpunkt und kniffen sie fest, bevor sie die Arbeit wenden und den Vorgang auf der Rückseite wiederholen.

Eine der Ecken klappen sie wieder nach oben und schneiden die Papiere unterhalb des Giebels etwa zu zwei Dritteln ein. Falten sie diese nun nach außen, erhalten sie die geöffneten Fensterläden. Das dem Dach gegenüberliegende Faltdreieck wird um 90° nach hinten gebogen und dient als Standfläche.

Auf kleinen weißen Kartonquadraten zeichnen und malen sich die Kinder selbst, schneiden das Figürchen aus und befestigen es an ihrem „Spielhaus".

FUSSBALL SPIELEN

Ölkreidenmalerei auf Geschenkpapier

MATERIAL

Mit wolkigem Grün bedruckte Geschenkpapierstücke 25 x 35 cm (alternativ mit Deckfarbe bemalte Blätter), Pastell-Ölkreiden

DURCHFÜHRUNG

Das Bild soll nur zwei Spieler zeigen, die um den Ball kämpfen. Die meisten Kinder werden es sich aber nicht nehmen lassen, auch noch das Tor darzustellen oder wenigstens einen Teil davon.

Sie versuchen, mit den Figuren das Format zu füllen und alle Farbflächen sorgfältig auszumalen. Strichförmig gezeichnete Gliedmaßen verbreitern sie.

Erstrebenswert ist es außerdem, dass viele Einzelheiten gezeigt und klare Umrisse erzielt werden.

Die Art der Bewegungsdarstellungen lässt sich zwar durch Anschauung und Besprechung teilweise beeinflussen, ist aber hauptsächlich entwicklungsabhängig.

DRACHEN STEIGEN LASSEN

Faltarbeit, Collage, Ölkreidenmalerei

MATERIAL

Dunkelblaue Tonpapiere DIN A4, Regenbogen-Falt-
blätter 11 x 11 cm und 9,5 x 9,5 cm, hellgrüne
Tonpapierstreifen 25 x 5 cm, Markierungspunkte in
Schwarz, Weiß und mehreren Farbtönen Ø 19 mm,
13 mm und 8 mm, Pas-
tell-Ölkreiden, schwarze
Holzfarbstifte, Scheren,
Klebestifte

DURCHFÜHRUNG

Für die Drachenform fal-
ten die Kinder ein Pa-
pierquadrat einmal dia-
gonal und dann nach
dem Aufklappen von ei-
ner Spitze aus beidsei-
tig zum Mittelbruch hin.
Sie verwenden die Rück-
seite weiter und vertei-
len drei Faltdrachen
möglichst spannungs-
reich im oberen Drittel
des blauen Tonpapiers.

An das untere Ende des
Untergrunds kleben sie einen beidseitig etwas abgerundeten hellgrünen Tonpapierstreifen. Auf ihm stehen die drei Kinder, die die Drachen halten sollen.

Sie werden sorgfältig mit Ölkreiden gemalt. Ein geschwungener Holzfarbstiftstrich verbindet den un-
sichtbaren Mittelpunkt des Drachenkreuzes jeweils
mit einer Hand. Auch die Schnüre für die Drachen-
schwänze werden so gezeichnet.

Die Ausgestaltung der Drachengesichter geschieht
mit selbstklebenden Markierungspunkten und Resten
von Regenbogen-Faltblättern. Die bunten Schwanz-
schleifen malen die Kinder mit Ölkreiden.

VERSTECKEN
Kulissenaufbau mit verschiedenen Ebenen

MATERIAL
Hellblaue Tonkartons 30 x 25 cm, dunkelgrüne Ton-
karton- und Vario-Kartonstreifen „Heu" und „Wiese"
35 x 8 cm, Klebebandstreifen, in acht Teile geteilte
Vario-Kartons „Nadeln" und „Blätter", Postkartenzuschnitte, Holzfarbstifte, grüne Mikrowellpappestreifen (3 Rippen x 25 cm) Scheren, Klebestifte

DURCHFÜHRUNG
Ein dunkelgrüner Tonkartonstreifen wird einseitig
mit spitzen Zacken versehen, als Begrenzung des
oberen Viertels auf den hellblauen Untergrund geklebt und seitlich gekürzt.

Ein weiterer dunkelgrüner Tonkartonstreifen sowie
die gemusterten Kartonstreifen erhalten einen Wel-
lenschnitt. Die Kinder ordnen sie so unter dem geklebten Streifen an, dass der Untergrund nicht mehr

sichtbar ist, sie sich kontrastierend voneinander
abheben und der letzte mit dem unteren Rand ab-
schließt. Anstatt sie festzukleben, werden die über-
stehenden Teile nach hinten gebogen und auf der
Rückseite des hellblauen Kartons mit Klebestreifen
befestigt.

Die vorbereiteten Kartonstücke mit Nadel- oder Blät-
terdruck schneiden die Kinder zu einfachen Baum-
oder Buschformen und kleben sie versetzt mit ihrem
unteren Rand auf die Kartonstreifen. Je runder
Busch- und Baumformen ausfallen, desto weniger
bleiben die Spielfiguren daran hängen, wenn sie
sich dahinter verstecken.

Die beiden Figuren malen sie mit Holzfarbstiften und
Fasermalern auf weiße Kartonzuschnitte und schneiden sie aus. Sie versehen sie auf der Rückseite mit
angeklebten Mikrowellpappestreifen, an denen sie
sich führen lassen.

191

ZIRKUSCLOWN

Stoffapplikation

DURCHFÜHRUNG

Typische Merkmale eines Clowns, wie die weiße Umrahmung von Mund- und Augenpartie, die rote Nase, der überzeichnete Mund und die häufig zu große Kleidung, werden vorab geklärt.

Die Kinder beginnen mit der Kopfform, die sie auf der Rückseite eines Filzstücks vorzeichnen, damit sich ihre Größe überprüfen lässt. Sie muss groß genug ausfallen, um Platz für die Gesichtszüge zu bieten.

Die Figur soll das Blatt möglichst füllen. Zu kurz geratene Gliedmaßen lassen sich leicht durch Ansetzen gleichfarbiger Stoffstückchen verlängern.

Viel Sorgfalt fordert das Ausgestalten des Gesichts. Haare, Hütchen, weiße Handschuhe, Fliege, Schirm und große Knöpfe schmücken die Figur weiter aus.

MATERIAL

Schwarze Tonpapiere DIN A4, farbige Filzstücke und klein gemusterte Stoffreste, Wollreste, schwarze Holzfarbstifte, Scheren, Klebestifte

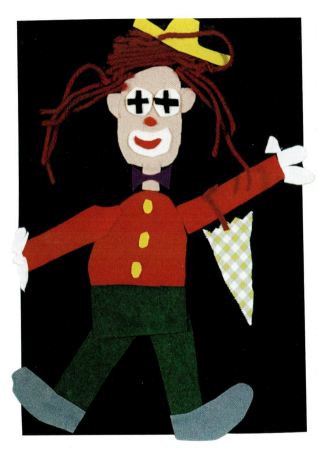

TIPP

Noch einfacher für die Kinder ist es, die Kleidung des Clowns aus lustig gemusterten Geschenkpapieren und Tapetenresten zusammenzusetzen und für die übrigen Teile Ton- und Glanzpapiere zu verwenden. Dekorativ sehen auch Frisuren aus Märchenwolle aus.

193

CLOWNSPÄRCHEN
Bewegliche Kartonfiguren

DURCHFÜHRUNG

Die Kinder kleben das aus Tonpapier ausgeschnittene Gesicht auf das doppelt gelegte Seidenpapier für
die Haare und schneiden in dieses schmale Fransen.
Dann befestigen sie es auf der breitesten Zacke der
Körperform.

Das Gesicht schmücken sie mit Klebepunkten und
einer weißen Mundform aus, in die sie mit roter Farbe den Mund malen. Sie versehen ihre Figur mit je
zwei doppelt geschnittenen sowie geklebten Hand-
und Schuhformen und verzieren sie mit großen
Knöpfen.

Haben sie zwei dieser Figuren mit kontrastierenden
Kleidermustern hergestellt, verbinden sie die beiden
an den Händen mit einer Musterbeutelklammer.

MATERIAL
Vario-Kartons mit Karos, Pünktchen und Streifen
17,5 x 25 cm, orangefarbene und schwar-
ze Tonpapiere, weiße Kartonreste, rote
Seidenpapierstücke 7 x 14 cm, rote
Fasermaler und Markierungspunkte
Ø 13 mm, Schablonen für Körper,
Kopf, Frisur, Hand, Fuß und Mund,
Stichel, Musterbeutelklammern, Kle-
bepunkte in Lila Ø 19 mm und in
Schwarz Ø 8 mm, Scheren, Klebe-
stifte, Bleistifte

WACKELCLOWNS AUS PLASTIKFLÄSCHCHEN

Permanent-Marker-Malerei

MATERIAL

Kleine weiße Plastikfläschchen (z. B. von Fitness-drinks), Permanent-Marker in verschiedenen Farb-tönen

DURCHFÜHRUNG

Die kleinen Flaschen sind in der Regel mit bedruck-ter Folie überzogen, die sich am oberen Ende unter der Verschlusskappe leicht einschneiden und dann ganz ablösen lässt.

Die Kinder halten die Fläschchen am unteren Teil fest und gestalten zuerst den oberen Be-reich. Sie beginnen da-mit, zwei große Augen- und eine Mundumran-dung mit weißer Farbe zu zeichnen. Nachdem die Farbe getrocknet ist, zeichnen sie die Au-gen bzw. den Mund ein. Das Gesicht wird gelb bemalt, die Haare und das Oberteil reichen

rundum. Nach dem Bemalen wirkt die Verschluss-kappe wie ein Hütchen.

Damit die Farben gut trocknen können und nicht mehr verschmieren, sollte zwischen dem Ausgestal-ten von Ober- und Unterteil eine Pause gemacht werden.

TIPP

Der besondere Reiz dieser kleinen Figuren besteht darin, dass sie sich überschlagen, wenn man sie am Deckelhut anstößt – ganz ohne weitere Hilfsmittel!

CLOWN KUNTERBUNT

Bewegliche Figur

MATERIAL

Runde Bierfilzscheiben, verschiedenfarbige Luftschlangen, Klebestifte, Scheren, farbige Kartonreste, Bleistifte, Schablonen für Körper, Kopf,
Mundform, Fliege, Hütchen, Hand- und Schuhform,
selbstklebende Sternchen und Markierungspunkte
in allen Größen, rotes kräuselbares Geschenkband,
Kartonstücke in Weiß, Schwarz und Rosa, Fasermaler, Stichel, Musterbeutelklammern

DURCHFÜHRUNG

Je zwei Bierfilzscheiben werden (vor allem an den
Rändern) gründlich mit Klebstoff bestrichen und mit
noch zusammenhängenden Luftschlangenteilen bezogen. Eine halbierte Form dient als Hilfsmittel, um
die Scheiben genau in der Mitte zu teilen.

Nach Schablone stellen die Kinder den schwarzen
Körper und den rosafarbenen Kopf her und kleben
beide Teile zusammen. Sie gestalten das Gesicht
mit einer Mundform aus weißem Karton und mit
Fasermalern aus. Der Clown bekommt einen Haarschopf aus kräuselbarem Geschenkband oder ein
Kartonhütchen.

Sie lochen die Bierfilzhälften einmal, den Körper an
vier Stellen und verbinden alle Teile mit Musterbeutelklammern beweglich miteinander. An die Armenden kleben sie weiße Handschuhformen, an die
Beinenden große Schuhe aus einfarbigem Karton.

Den Hals schmückt eine große Fliege. Den Bauch
verzieren die Kinder mit kunterbunten Klebepunkten
und Sternformen.

TIPP

Ganz ohne Hilfe von Schablonen lässt sich eine bewegliche Figur herstellen, wenn für Kopf und Körper ebenfalls Bierfilzscheiben eingesetzt werden. Dies verändert allerdings die Proportionen.

Zum Bekleben der Einzelteile eignen sich auch Tapetenreste. Die Bierfilzscheiben können außerdem mit Tonpapierstücken bezogen oder einfach bemalt werden.

KASPERL BEKÄMPFT DAS UNGEHEUER

Ausgestaltete Faltarbeit

MATERIAL

Rechtecke aus farbigem Ton- oder stärkerem Kopier-papier 10 x 15 cm, Tonpapiere in Orange und Rot, Reste in anderen Farbtönen, weiße, farbige und schwarze Klebepunkte Ø 19 mm und kleiner, Holz-farbstifte, Bastreste in Naturfarbe, bunte Flecht-streifenstücke, halbierte Buchen-Rundstäbe Ø 3 mm und 4 mm, Scheren, Klebestifte, Alleskleber

DURCHFÜHRUNG

Die Kinder falten nach Anleitung eine Tütenform, schneiden das letzte kleine Dreieck aber ab, anstatt es umzufalzen.

An die Falzkante eines zusammengeklappten orangefarbenen Tonpapiers zeichnen sie eine Kopfform, lassen die Größe überprüfen und schneiden sie aus. Auf einer Seite gestalten sie die Gesichtszüge. Danach klappen sie die doppelt liegende Form auf, befestigen innen ein paar Baststreifen und kleben den Kopf dann beidseitig über der Tütenspitze fest.

Die Arme entstehen aus Flechtstreifenstücken in passendem Farbton, die Zipfelmützen aus langen spitzen Dreieckformen, die mehrfach gefaltet werden können.

Für das Ungeheuer stecken die Kinder zwei verschiedenfarbige Tütenformen ineinander, kleben sie fest und gestalten sie nach Belieben aus. Ein Erwachsener befestigt in den Spielfiguren vorsichtig einen Rundstab mit Alleskleber.

TIPP

Werden die Rundstäbe in der Mitte zerbrochen, entstehen spitze Zacken, die sich gut in den Spielfiguren befestigen lassen. Für die „Ungeheuer" sind übrigens auch Schaschlikstäbe ausreichend.

Figur

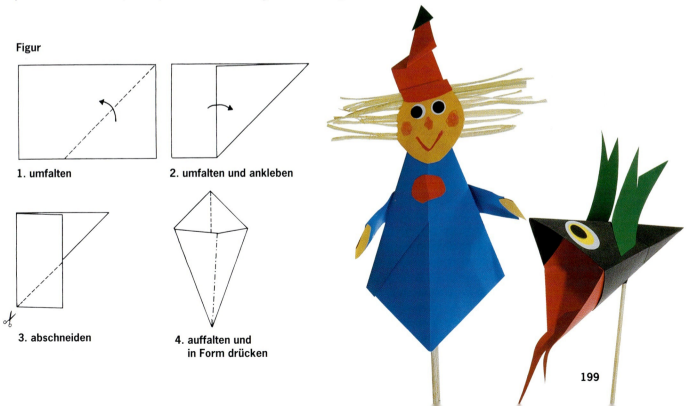

1. umfalten

2. umfalten und ankleben

3. abschneiden

4. auffalten und
   in Form drücken

199

KASPERKÖPFE AUS TAPETENDREIECKEN

Ausgestaltete Collage, Faltarbeit

MATERIAL

Große Dreieckformen aus klein gemusterten Tapeten (Seitenlänge = 30 cm), hellrosa Kopierpapiere, selbstklebende weiße Markierungspunkte Ø 19 mm, farbige Tonpapierflechtstreifen 2 x 50 cm, Fasermaler, Bleistifte, Scheren, Klebestifte

DURCHFÜHRUNG

Zwei Spitzen der Dreiecke werden nach hinten gefaltet und dort festgeklebt. Auf die Vorderseite kommt in die Mitte eine große rosafarbene Gesichtsform.

Die Kinder versehen diese mit zwei weißen Markierungspunkten und malen Gesichtszüge und Frisuren mit Fasermalern.

Aus zwei verschiedenfarbigen Flechtstreifen, die zum Tapetenmuster passen, falten sie eine Hexentreppe, die sie unterhalb des Kinns als Halskrause befestigen.

TIPP

Tapeten aus Musterbüchern sind ein preiswertes und attraktives Gestaltungsmaterial, das immer vorrätig sein sollte.

PINOCCHIO

Deckfarbenmalerei,
Gruppenarbeit

MATERIAL

Zeichenpapiere,
DIN A3, Deckfarben,
schwarzer Tonpapier-
untergrund 1 x 1 m,
Scheren, Klebestifte,
Mallappen

DURCHFÜHRUNG

Die Figur soll mög-
lichst groß und bunt
gemalt werden. Am
einfachsten beginnen
die Kinder aus einem

Farbklecks heraus mit der Kopfform, die sich dann
noch beliebig vergrößern lässt.

Beim Hinzufügen von Körper und Kleidungsstücken
vermeiden sie dabei für Hose, Haare oder Schuhe
möglichst Schwarz, sonst heben sich diese Teile
später nur schlecht vom Untergrund ab.

Sie verwenden die Farben mit nur wenig Wasser
und benutzen zwischendurch immer wieder den
Mallappen. Nach dem Ausschneiden legen sie ihre
Figuren auf den schwarzen Untergrund, schieben
sie möglichst dicht zusammen und befestigen sie
schließlich mit Klebestift.

TIPP

Laufen die Farben doch einmal ineinander,
können die Kinder die Stelle schnell mit Zeitungspapier trockentupfen und noch ein
weiteres Mal übermalen.

Wenn sich die angeordneten Teile auf dem Untergrund beim Befestigen nicht verschieben sollen, werden zunächst nur die Stellen unter
den Köpfen mit Klebstoff eingestrichen
und diese angerieben. Nun können die
Kinder ihre Figuren auf die Rückseite klappen, mit dem Klebestift einstreichen und
nach dem Zurückfalten andrücken.

KASPERFIGUREN ALS STABPUPPEN
Ausgestaltete Faltarbeit

DURCHFÜHRUNG

Nach einer Faltanleitung, die ihnen Schritt für Schritt an einem großen Beispiel vorgeführt wird, stellen die Kinder die Kopfform her. Ein Erwachsener bringt auf der Vorderseite den Ausschnitt für den Mund an.

Die Gesichtszüge werden mit Klebepunkten und Fasermalern gestaltet. Die Frisuren entstehen aus gebündelten Krepppapierstreifen, für weitere Requisiten verwenden die Kinder Stücke aus Karton oder Folie.

Die Gewänder sind umgedreht verwendete und an beiden Seiten etwas nach hinten gefaltete Filtertüten. Die Kinder bemalen sie, schieben sie in die Faltung des Kopfes und kleben sie dort fest. Ein durchgeschobener und fixierter Schaschlikstab dient als Führung beim anschließenden Kaspertheaterspiel.

MATERIAL

Kopierpapiere DIN A4 in Rosa, Rot, Gelb und Grün, weiße Markierungspunkte Ø 13 mm, Filtertüten, Fasermaler, Schaschlikstäbe, einfarbige und gemusterte Kartonreste, Goldfolienpapier, schmale Krepppapierstreifen in Schwarz, Braun und Gelb, Scheren, Klebestifte, Alleskleber, Heftzange

Kopfform

1.

2.

3.
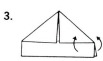

4.

5.

6. 7.

Ecken ineinander stecken, umdrehen

SPIELFIGUREN AUS BRIEFUMSCHLÄGEN

Filzstiftmalerei, Collage

MATERIAL

Farbige zugeklebte Briefumschläge, Papierschneidemaschine, gelbe Aktendeckelkartonstücke 5 x 7 cm, Fasermaler, Krepppapierstücke und schmale Streifen in Haarfarben, Tonpapierreste, Kreisschablonen für die Köpfe Ø 4 cm, Scheren, Klebestifte

DURCHFÜHRUNG

Die zugeklebten Briefumschläge werden am unteren Rand mit der Papierschneidemaschine wieder aufgeschnitten. Die beiden oberen Ecken falzen die Kinder nach hinten und kleben sie dort fest.

Auf einem Aktendeckelkartonstück zeichnen sie am unteren Rand die Kreisform für das Gesicht ab und ergänzen sie nach oben hin mit einem etwa 2 cm breiten Steg. Nach dem Ausschneiden wird dieser

nach hinten gebogen und zwischen den beiden umgefalzten Ecken festgeklebt. Die Kinder malen die Gesichtszüge mit Fasermalern, gestalten die Frisuren und versehen die Figuren mit Kopfschmuck. Die Krepppapierkleidung wird an der Rückseite der Umschläge befestigt.

VIII.
ARBEITSWELT

Kinder erleben schon frühzeitig, dass Erwachsene arbeiten und dass es verschiedene Berufe gibt. Schon sehr kleine Kinder begreifen, dass man sich mit einer bestimmten Arbeit seinen Lebensunterhalt verdient oder einen Beitrag zur Unterstützung anderer leistet.

Kinder kommen tagtäglich mit den verschiedensten Berufssparten in Kontakt. Sie kennen die Erzieherin, den Bäcker, den Briefträger oder den Kinderarzt. Es gilt, Kinder dafür zu sensibilisieren, warum Menschen arbeiten und welche Tätigkeiten die jeweiligen Berufe umfassen. Meist haben sie schon eine recht genaue Vorstellung davon, was sie später einmal werden wollen. Wird die Wahrnehmung für die menschliche Arbeit geschärft, erhöht sich die Wertschätzung für all die Annehmlichkeiten, die dem Kind dadurch entstehen. Sie erfahren, dass alles, was zu einem funktionierenden Tagesablauf in der Familie gehört (kochen, waschen, putzen), ebenfalls Arbeit ist, derer sich jemand annehmen muss.

MUTTER HÄNGT WÄSCHE AUF

Stoffapplikation

MATERIAL

Blaue Plakatkartons DIN A3, Filz-, Stoff- und Schnur-reste, Scheren, Klebestifte oder Bastelkleber

DURCHFÜHRUNG

Einzelne Kinder hängen an einer gespannten Leine ein paar Wäschestücke auf, die anderen sehen genau dabei zu und prägen sich die Besonderheiten ein, die sie anschließend im Bild darstellen.

TIPP

Als Stoffapplikation mit den gleichen Materialien können die Kinder im Hochformat auch „Die Prinzessin auf der Erbse" oder einen Stoffladen gestalten.

Zuerst müssen die Pfosten „aufgestellt" werden. Die Kinder schneiden sie aus Filz zu. Sie sollten hoch sein und weit auseinander stehen, damit viel Platz für die Wäsche bleibt. Zwischen die oberen Enden kommt eine Wäscheleine aus Schnur.

Die aufgehängten Wäschestücke fallen bunt und vielfältig aus. Die Mutter als Hauptperson stellen die Kinder groß und deutlich dar. Vielleicht finden sie auch noch einen Platz für sich selbst. Ein Wäschekorb darf auf dem Bild natürlich nicht fehlen.

Alle zugeschnittenen Einzelteile werden so lange verschoben oder an einer neuen Stelle platziert, bis die Komposition zufrieden stellt und festgeklebt werden kann.

DER VOLL BELADENE EINKAUFSWAGEN

Ölkreiden-, Fasermalerei, Collage

MATERIAL

Schwarze Tonpapiere DIN A4, Pastell-Ölkreiden in dunklen Braun- und Grüntönen, naturfarbene Mikrowellpappe, Wagenschablone, schmale Wellpappestreifen (Schneidemaschine), goldfarbene Tonpapierreste, 2-Cent-Stücke zum Umfahren (für die Räder), Tonpapiere in Hautfarbe 15 x 18 cm, Fasermaler, Prospekte mit Warenabbildungen, Scheren, Klebestifte

DURCHFÜHRUNG

Die Kinder ziehen im unteren Viertel des quer liegenden Blattes eine Bodenlinie mit Braun oder Dunkelgrün und färben den so entstandenen schmalen Streifen mit der Breitseite eines Kreidestücks ein. Darüber setzen sie eine bis zu den Bildrändern reichende einfache Regalform. Mit Ölkreide in einem anderen Farbton füllen sie anschließend die Regalbretter mit angedeuteten „Waren".

Möglichst formatfüllend gestalten sie auf dem hellen Tonpapierstück die Mutter, die den Einkaufswagen schieben soll. Dabei wird angestrebt, beide Arme in eine Richtung zeigen zu lassen. Die ausgeschnittene Figur platzieren die Kinder vor dem Warenregal.

Nach Schablone stellen sie den Einkaufswagen her und versehen ihn mit goldfarbenen Rädern. Das Gestänge bilden sie aus Wellpappestreifen.

Sie kleben die Wellpappe nur mit dem unteren Rand auf den Hintergrund und versuchen, den Schiebegriff des Wagens mit den Händen der Figur zu verbinden.

VATER FÄHRT IM AUTO ZUR ARBEIT

Deckfarbenmalerei

MATERIAL

Zeichenpapiere DIN A3, Deckfarben, Klebestifte, Scheren

DURCHFÜHRUNG

Damit das geplante Auto auch formatfüllend aus-
fällt, fahren die Kinder seine Umrisse zunächst mit
dem Finger auf dem Blatt vor. Dann malen sie seine
Umrisse in der von ihnen gewünschten Farbe und
fügen mit Gelb Fenster- und Türrahmen ein.

Als Nächstes gestalten sie so groß wie möglich die
Figur des Vaters, der bereits im Auto sitzt oder –
einfacher – gerade einsteigen will. Sie malen ihn
sorgfältig aus und versehen ihn nach dem Trocknen
der Gesichtsfarbe mit klar erkennbaren Gesichtszügen sowie Händen und Haaren.

Damit sich der Vater deutlich vom Hintergrund abhebt, geben die Kinder dem Autoinneren eine gelbe
Farbe, dann malen sie auch den Rest des Autos
aus. Rücklichter und Scheinwerfer vervollständigen
das Bild.

209

DIE ÄPFEL MÜSSEN GEPFLÜCKT WERDEN

Ölkreiden-, Filzstiftmalerei, plastisches Bild

MATERIAL

Hellblaue Tonpapiere 25 x 29,5 cm und Zeichenpapiere 25 x 22,5 cm, bis auf einen Rahmen ausgeschnitten (oben und seitlich 3 cm, unten 4 cm
breit), Pastell-Ölkreiden, braune Tonpapierzuschnitte
5 x 16 cm, halbe Leiterschablonen, Postkartenzuschnitte, Bleistifte, Scheren, Fasermaler, Alleskleber

DURCHFÜHRUNG

Die Kinder falzen an dem blauen Tonpapier beidseitig 2–3 cm ein, bevor sie mit Ölkreiden einen großen Apfelbaum dazwischen malen, der einen dicken Stamm, viele Äste und Zweige hat, viele Früchte in leuchtenden Farben trägt und in einer Wiese steht. An den Falzrändern kleben sie das Blatt gebogen hinter den weißen Rahmen.

Für die Leiter falten sie den braunen Tonpapierzuschnitt der Länge nach, legen an der Falzkante die Leiterschablone an, umfahren sie und schneiden sie aus. Nach dem Aufklappen können sie die vollständige Leiterform mit dem unteren Ende an den weißen Rahmen kleben und mit dem oberen am Apfelbaum befestigen.

Die Gestalt des Vaters beim Äpfelpflücken stellen sie mit Fasermalern auf einem Postkartenzuschnitt dar, auf einem weiteren entsteht ein Korb voller Äpfel. Beide Teile werden nach dem Ausschneiden an geeigneten Stellen angebracht.

TIPP

Diese „Stehbilder" erfreuen sich bei den Kindern großer Beliebtheit. Sie könnten den „spannenlangen Hansel" mit seiner „nudeldicken Dirn" bei der Birnenernte zeigen, kleine Figuren, die ihren Drachen steigen lassen oder auch Ausgangsbasis für die Gestaltung der unterschiedlichsten Märchenszenen sein.

MARKTFRAU

Pastell-Ölkreidenmalerei

MATERIAL

Dunkelblaue Tonpapiere
DIN A4, Pastell-Ölkreiden

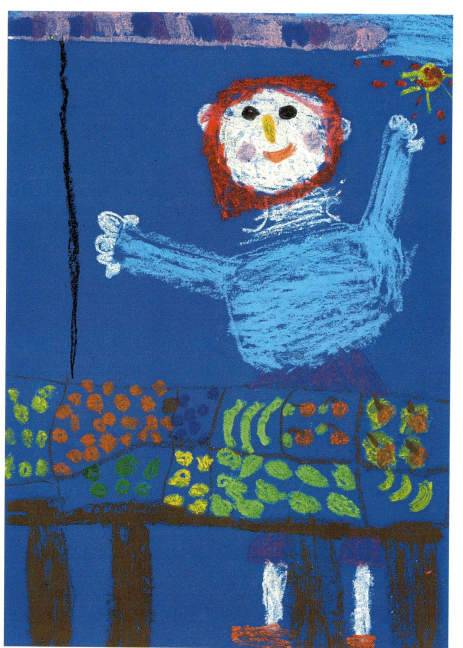

DURCHFÜHRUNG

Die Kinder beginnen beim Malen mit dem Kopf der Marktfrau, dessen Größe und Platzierung überprüft werden sollte. Dann ergänzen sie die Figur bis zur Taille.

Darunter unterteilen sie das Blatt mit zwei Querstrichen, die nicht zu dicht beieinander liegen dürfen. Die Fläche dazwischen soll zur Tischplatte mit der Obst- und Gemüseauslage werden. Tischbeine und die Füße der Marktfrau sind unterhalb zu sehen.

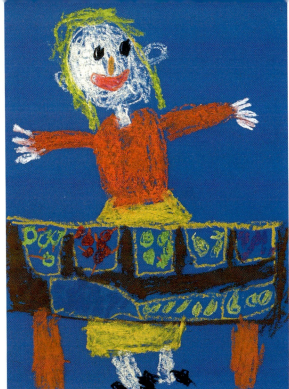

Die vorgesehene Fläche für das Warenangebot unterteilen die Kinder nun in mehrere Felder, die sie mit Obst und Gemüse füllen, jede Sorte getrennt von der anderen.

TIPP

Wenn Obst und Gemüse der Marktfrau besonders realistisch aussehen sollen, bietet es sich an, diese aus bunten Werbebroschüren von Supermärkten auszuschneiden und auf den Warentisch zu kleben, der dann allerdings breiter angelegt werden muss. „Ein Blumenstand" oder „Der billige Jakob" könnten ebenfalls zum Thema werden.

DER SCHORNSTEINFEGER KOMMT
Polyblock-Druck

Halbierte Polyblock-Druckplatten 28,5 x 19,5 cm,
Holzschabegriffel, Glasplatte, schwarze Aqua-Linol-
druckfarbe, Farb- und Andruckwalze, Zeichenpapiere
DIN A4, Papierschneidemaschine

DURCHFÜHRUNG

Die Kleidung und Requisiten des Schornsteinfegers
müssen den Kindern klar vor Augen stehen, bevor
sie ihre Figur möglichst formatfüllend mit dem Griffel in die Druckplatte ritzen. Die Eindrücke dürfen
dabei weder zu schwach noch zu stark ausfallen.

Der Druckstock wird mit dünn gewalzter Linoldruckfarbe geschwärzt und mit einem weißen Zeichenblatt bedeckt. Mit einer zweiten Walze drücken die
Kinder das Papier kräftig an, bevor sie es vorsichtig
abziehen und zum Trocknen beiseite legen. Die
Technik erlaubt mehrere Abzüge hintereinander, die
immer wieder unterschiedlich ausfallen.

POLIZISTEN IM EINSATZ

Holzfarbstiftmalerei

MATERIAL

Zeichenpapiere DIN A4, Holzfarbstifte

DURCHFÜHRUNG

Ein gemeinsamer Besuch bei der Polizei und die ausführliche Beschäftigung mit deren Tätigkeitsbereichen sind bei diesem frei gestellten Thema zwingende Voraussetzung.

Jedes Kind gestaltet ein Einsatzfahrzeug oder einen Polizeihubschrauber. Klar erkennbar soll schließlich sein, dass es sich hierbei um Gerätschaften unserer Ordnungshüter handelt.

Die Kinder versuchen, das Format möglichst zu füllen, viele Einzelheiten zu zeigen, auch Polizisten bei der Arbeit darzustellen und sauber zu zeichnen und zu malen.

MÜLLMÄNNER

Ölkreidenmalerei, Kartonplastik, Partnerarbeit

MATERIAL

Graupappestücke 15 x 20 cm als Grundplatten, mit mattem grünen dc-fix 11 x 17 cm bezogene Papprollen, an denen ein Kartondeckel (siehe Schablone) und zwei einfache Griffe mit einem glänzenden grünen dc-fix-Streifen 2 x 17 cm befestigt sind, Aktendeckelkartonstücke 20 x 16 cm, Pastell-Ölkreiden, Scheren, Alleskleber

DURCHFÜHRUNG

Die bereits fertig gestellte Mülltonne mit Klappdeckel, die auf einem Stück Graupappe klebt, wird den Kindern als Ausgangspunkt der Gestaltung zur Verfügung gestellt.

Auf einem Kartonstück malen sie so groß wie möglich einen Müllmann in seiner Sicherheitskleidung. Der Anzug ist orangefarben und mit Leuchtstreifen versehen. Die Figur soll zwei Beine mit nach unten gestreckten Füßen und waagerecht ausgebreitete Arme zeigen.

Nach dem Ausschneiden gestalten die Kinder auch die Rückseite ihres Müllmannes, bevor sie seine Fußformen nach vorne biegen und ihn damit auf der Graupappe festkleben. Auch die Arme werden gebogen und geknickt, bis eine Hand an den Mülltonnengriff reicht und dort befestigt werden kann.

TIPP

Da bei jeder Arbeit zwei Kinder beteiligt waren, ging es darum, wer das Werk mit nach Hause nehmen darf – ein großes Problem! Zum Schluss blieben die Arbeiten im Kindergarten und die beiden Besitzer spielten gemeinsam damit.

DER ARZT UNTERSUCHT MICH

Ölkreidenmalerei auf Schwarz

MATERIAL
Schwarze Tonpapiere DIN A4, Pastell-Ölkreiden

DURCHFÜHRUNG

Die Kinder kennen das mit der Untersuchung verbundene Abhören von Brust und Rücken. Es tut nicht weh, aber sie stehen dabei im Mittelpunkt und bearbeiten das Thema gern.

Auf dem schwarzen Untergrund kann der typische weiße Arztkittel „richtig" wiedergegeben werden, da die Ölkreiden sehr gut decken. Von großer Bedeutung ist auch die angebotene Gesichtsfarbe.

Wichtig ist, dass die Größenverhältnisse stimmen und dass das Blatt möglichst gefüllt erscheint. Ein Erwachsener überprüft, ob die Köpfe groß genug gemalt werden und an den entsprechenden Stellen sitzen. Die Kinder versuchen die Körper so darzustellen, dass sie den unteren Bildrand erreichen und nicht zu dünn ausfallen.

Das Stethoskop als wichtiger Bildteil wird durch Malen mit Druck oder auch durch Umrahmen hervorgehoben. Frei gebliebene Stellen um Arzt und Patienten herum bieten Platz für Schränkchen mit Arzneimitteln.

TIPP

Weitere Themen, deren Bearbeitung sich in dieser Technik anbieten, sind „Beim Zahnarzt", „Ich liege krank im Bett", „Ich habe mir ein Bein gebrochen" oder „Beim Impfen".

KRANKENSCHWESTER
Ausgestaltete Kartonplastik

MATERIAL

Papprollen, weiße dc-fix-Stücke 11 x 17 cm, Reste in Rot, mit Gesichtsfarbe grundierte Wattekugeln Ø 5 cm, Deckweiß, Permanent-Marker in Schwarz, Rot, Orange, Grün, Blau und Braun, Märchenwolle in Haarfarben, festere weiße Papiere 7,5 x 15 cm, weiße Kartonstreifen 6 x 3,6 cm in der Mitte gefaltet, Kartonreste in Grün, Rot und in Gesichtsfarbe, Alufolie, Schablone für die Armform, Stichel, Musterbeutelklammern, Bleistifte, Scheren, Klebestifte, Alleskleber

DURCHFÜHRUNG

An den mit weißer Klebefolie bezogenen Rollen müssen zuerst mit Hilfe von Stichel und Musterbeutelklammern die beiden Armformen angebracht werden. Der gefaltete Teil kommt dabei an die Schulter, der abgerundete offene bildet die Hände. Anschließend wird der Kopf angeklebt und mit zwei Augenformen aus Deckweiß versehen.

Die Kinder bemalen die Gesichter mit Permanent-Markern. Der Kopf erhält Haare aus Märchenwolle.

In den Händen kann die kleine Krankenschwester eine Spritze aus Alufolie und das Krankenblatt aus Karton halten. Ein rotes Kreuz aus Folienstreifen schmückt ihre Tracht.

Die Haube falten die Kinder nach Faltanleitung und bringen sie ganz zum Schluss mit Klebstoff auf der Frisur an.

Haube

1. 1/4 abschneiden
   1 x hochfalten

2. Dreiecke falten

3. wenden

4. ausformen

5. Haube bilden

DER RETTUNGSHUBSCHRAUBER KOMMT
Ölkreidenmalerei

MATERIAL
Hellblaue Tonpapiere 25 x 35 cm, Pastell-Ölkreiden

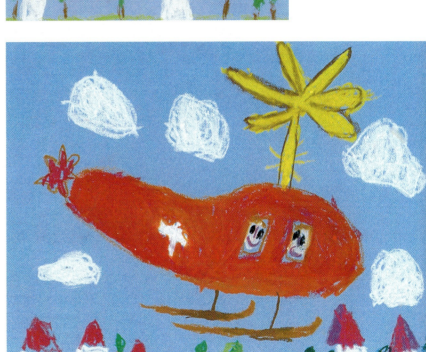

DURCHFÜHRUNG
Der Hubschrauber soll das Format möglichst füllen. Die Kinder zeichnen zunächst seine Umrisse, große Fenster und ein Kreuz. Propellerblätter und Lande-kufen dürfen nicht fehlen.

Sie malen den Hubschrauber sorgfältig aus. In den Fenstern sind deutlich Pilot und/oder Sanitäter zu erkennen. Nur schwach gezeichnete Linien verstär-ken sie.

Ein schmaler Rasenstreifen am unteren Bildrand mit kleinen Häusern und Bäumen soll den Eindruck verdeutlichen, dass sich der Hubschrauber in der Luft befindet. Freie Stellen des Hintergrunds füllen schließlich weiße Wolkengebilde.

FEUERWEHRMANN BEIM LÖSCHEN
Ölkreidenmalerei, Foliencollage

DURCHFÜHRUNG

Zunächst legen die Kinder die braune Bodenfläche an. Darauf zeichnen sie auf eine Seite ein formatfüllendes Haus mit vielen großen Fenstern, auf die andere einen ausladenden Baum mit dickem Stamm, Zweigen und Ästen.

Den Baum versehen sie mit Blättern in unterschiedlichen Grüntönen. Aus den Fenstern und der Tür des Hauses lassen sie große Flammenformen schlagen, die sie ganz weiß ausmalen, dann mit Gelb und schließlich mit Orange und Rot überziehen.

Der noch sichtbare Teil des Hauses wird nun eingefärbt und der entstehende Rauch leicht mit weißem Wachsmalstift angedeutet.

MATERIAL

Schwarze Tonpapiere DIN A3, Pastell-Ölkreiden, Alufolie, matte und glänzende Silberfolienpapierreste, kleine rosafarbene Papiere, Holzfarbstifte, weiße und blaue Wachsmalstifte, Scheren, Klebestifte

Den Feuerwehrmann setzen die Kinder aus verschiedenen Folienstücken zusammen. Das rosafarbene Gesicht erhält mit Holzfarbstiften gemalte Gesichtszüge. Den Schlauch formen die Kinder aus zusammengedrückter Alufolie. Haben sie ihn festgeklebt, stellen sie noch das Wasser dar, das in hohem Bogen auf die Flammen spritzt.

TIPP

Wenn auf dunklem Grund Wachsmalfarben oder Ölkreiden richtig leuchten sollen, empfiehlt es sich immer, die entsprechenden Stellen zunächst mit Weiß anzulegen und dann erst mit den gewünschten Farben zu übermalen.

IX. TECHNIK

Die Errungenschaften der Technik sind aus unserem Alltag gar nicht mehr wegzudenken. Technische Erfindungen dominieren nicht nur den der Erwachsenen, sondern auch die Erlebenswelt des heutigen Kindes. Aus diesem Grund ist es sehr wichtig, auf diese Phänomene etwas näher einzugehen.

Da sich der Mensch zu Land, zu Wasser und in der Luft immer fortbewegen möchte, üben vor allem Verkehrsmittel einen besonderen Reiz auf Kinder aus. Der Umgang mit den unterschiedlichen Fahrzeugen sowie verschiedenen Vorsichtsmaßnahmen, die im Verkehr zu beachten sind, bietet eine solide Basis für die Annäherung an dieses vielseitige Thema.

Die intensive Beschäftigung mit technischen Dingen und deren bildliche Darstellung fördern das abstrakte Denken der Kinder. Durch die Beschäftigung mit diesem Themengebiet erkennen sie, welchen Stellenwert die Technik in der heutigen Zeit einnimmt und können sich kritisch damit auseinander setzen.

225

AUSFLUGSDAMPFER AUF DEM SEE

Faltarbeit, Collage, gemischte Mittel

DURCHFÜHRUNG

In einem ersten Arbeitsgang werden die Zeichenblätter mit wässrigem Blau eingefärbt.

Die Kinder schneiden in den grauen Tonpapierstreifen einseitig Zacken, in den grünen Streifen schneiden sie Wellen und kleben beide so auf dem Untergrund fest, dass unten noch ausreichend Platz für
den See bleibt.

Sie bemalen die Bergspitzen mit weißem Schnee,
das Hügelgelände mit einem kontrastierenden grünen Muster und den See mit kleinen, quer verlaufen-
den Wellen.

Das nach Faltanleitung hergestellte Boot erhält ein
Dach aus einem gefalteten Flechtstreifenstück, große Fenster- und Türöffnungen aus Glanzpapier und
einen Zierstreifen aus klein gemustertem Geschenk-

MATERIAL

Zeichenpapiere DIN A4, Deckfarben, Schwämmchen,
Regenbogen-Faltpapiere 15 x 15 cm, hellgraue und
dunkelgrüne Tonpapierstreifen 8 x 30 cm, Pastell-
Ölkreiden, rosafarbene Kartonstücke 5 x 7 cm,
Glanzpapier- und Geschenkpapierreste, Tonpapierflechtstreifen 2 x 8 cm für die Dächer, Holzfarbstifte, Watte, Scheren, Klebestifte

papier. Der kleine auf Karton gemalte Passagier wird nach dem Ausschneiden in die Tasche des Dampfers geklebt.

Ein Schornstein vervollständigt das Schiff, das nun auf dem Untergrund befestigt werden und Fahrt aufnehmen kann. Eine Dampfwolke aus weißer Watte zeigt an, dass sich der Dampfer bewegt.

Dampfer

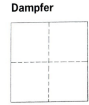

1. Kreuz falten

2. beidseitig zur Mitte hin falten

3. einklappen, umdrehen

4. von den Seiten her zum Quadrat falten

5. die unteren 2 Ecken ausformen

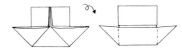

6. umdrehen   **7. Endform**

EIN VOLL BESETZTER OMNIBUS
Filzstiftmalerei

MATERIAL
Zeichenpapiere DIN A3, breit malende Fasermaler, Scheren, Klebestifte

DURCHFÜHRUNG
Ein Omnibus mit vielen Personen, die aus den Fenstern schauen, soll gestaltet werden. Damit der Omnibus auch groß genug wird und das Format möglichst füllt, fahren die Kinder seine Umrisse zunächst mehrmals mit dem Finger auf dem Blatt vor.

Sie müssen ausdrücklich darauf hingewiesen werden, dass ein richtiger Omnibus sehr große Fenster hat, sonst könnten ja die Fahrgäste gar nicht alle herausschauen!

Bei der Darstellung der Personen beginnen die Kinder mit den Köpfen, die sie ausmalen und erst danach mit Gesichtszügen versehen. Die Körper reichen nur bis zum unteren Rand der Scheibe. Alles Übrige innerhalb des Omnibusses ist ja nicht zu sehen.

Wenn der Wagen ausgemalt werden soll, sparen die Kinder die Fensteröffnungen aus.

UNSER AUTO
Furnierholz-Collage

DURCHFÜHRUNG

Den Mittelteil des Wagens bildet ein Rechteck ca. 24 x 8 cm, das die Kinder an den beiden oberen Seiten abrunden. Darüber kommt ein etwas kleineres rechteckiges Stück, das ebenfalls abgerundet das Wagendach bildet.

Beim Auswählen der Holzteile für Fenster und Räder versuchen die Kinder, deutliche Hell-Dunkel-Kontraste zu erzielen. Die Räder entstehen mit Hilfe kleiner Kreisschablonen. Unterteilungen des Wagens mit schmalen Streifen sowie Scheinwerfer, Rücklichter und Antennen schmücken die Autos weiter aus.

MATERIAL

Schwarze Tonkartons DIN A4, Furnierholzreste in deutlichen Hell-Dunkel-Abstufungen, Bleistifte, Kreisschablonen in zwei Größen Ø 6 cm und 3,5 cm, Scheren, Klebestifte

TIPP

Anstelle der Furnierholzteile lassen sich auch matte Selbstklebefolien verwenden, die es in den unterschiedlichsten Holzmaserungsdrucken gibt.

MIT DEM TRAKTOR AUF DEM FELD
Deckfarbenmalerei, Holzfarbstiftzeichnung

DURCHFÜHRUNG

Mit Farben, die mit viel Wasser verdünnt wurden, bemalen die Kinder ein Zeichenblatt halb grün, halb blau und achten darauf, dass sie nicht ineinander laufen. Die Blätter müssen gründlich trocknen.

An einem Folgetag umfahren die Kinder die Radschablonen in entsprechendem Abstand auf dem Untergrund. Sie versehen sie mit starken Profilen und malen sie vollständig schwarz aus. Nur die Radkappen bekommen die Farbe des Traktors.

Der Traktor hat eine ziemlich eckige Form und kann mit einem Schutzdach versehen sein. Sichtbar sind meist Sitz und Lenkrad.

Die Kinder gestalten den Fahrer möglichst groß und versehen ihn mit vielen Einzelheiten. Auch Rasen und Himmel untergliedern sie mit den Holzfarbstiften weiter und zeigen sorgfältig gezeichnete Grashalme und weiße Wolken.

MATERIAL

Zeichenpapiere DIN A4, Deckfarben, Schwämmchen, Holzfarbstifte, Schablonenformen für die Räder Ø 9 cm (innen 3 cm) und Ø 5 cm (innen 2 cm)

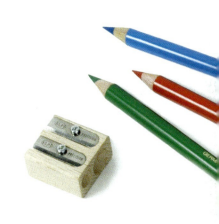

TIPP

Den Kindern fällt die Arbeit leichter, wenn ihnen ein Spielzeugtraktor oder eine große Abbildung bei der Vorausbesprechung zur Verfügung steht. Wird das Fahrzeug mit Metallic-Lackfarbe gestaltet, glänzt die Karosserie fast wie ein echtes Fahrzeug in der Sonne.

EIN FLUGZEUG UNTERWEGS

Buntpapiercollage

MATERIAL

Schwarze Tonpapiere
DIN A5, farbige Glanz-
papiere, Scheren,
Klebestifte

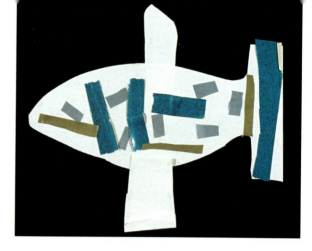

DURCHFÜHRUNG

Aufgabe ist es, ein Flugzeug möglichst raumfüllend
auf dem vorgegebenen Untergrund mit verschiedenen Buntpapierteilen zu gestalten.

Am einfachsten beginnen die Kinder mit dem Flug-
zeugrumpf. Wenn die Form dafür ausreichend groß
scheint, kleben sie diese fest. Bei der weiteren Ausgestaltung lassen sie sich von ihrer Fantasie und
manuellen Geschicklichkeit leiten.

Ist die Differenzierung nicht ausreichend oder die
Flächenfüllung nicht zufrieden stellend gelöst, genügen meist kleine Hinweise zur Verbesserung. So
können die Kinder andersfarbige Buntpapierstreifen
verwenden, Fenster oder Propeller anbringen und
Wolkenformen dazukleben.

TIPP

Buntpapiercollagen erfordern schon einige Finger-
fertigkeit von den Kindern, aber das hier vorgestellte
Thema lässt sich relativ leicht umsetzen. Sehr reizvoll sind auch Arbeiten, bei denen Kleben, Malen
oder Zeichnen kombiniert werden.

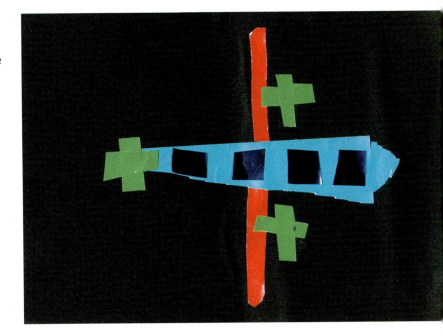

RUNDFLUG
Deckfarbenmalerei

MATERIAL
Zeichenpapiere DIN A3, Deckfarben, Schwämmchen

DURCHFÜHRUNG
Das Blatt wird mit dem Schwamm stark befeuchtet. Nun färben es die Kinder komplett mit blauer Farbe ein. Abschließend wischen sie nochmals mit dem Schwämmchen über das ganze Blatt. Es entsteht ein ziemlich gleichmäßiger hellblauer Untergrund.

Nach dem Trocknen malen die Kinder formatfüllend mit leuchtenden Farben ein kleines Motorflugzeug.

Vielleicht sind sogar der Pilot oder einzelne Fluggäste zu erkennen.

Bei einem Rundflug sollen die Insassen etwas von der Landschaft unten erkennen. Deshalb fliegt das Flugzeug recht tief. Wer noch genügend Platz hat, kann etwas von der Landschaft dazumalen. Freie Stellen am Himmel füllen schließlich weiße Wolken.

FLUGZEUGE IN DER LUFT

Deckfarbenmalerei, Kartonplastik

MATERIAL

Festere Kartonstücke
DIN A4, Deckfarben,
Tonkarton-Flechtstreifen
25 x 4 cm und 12,5 x
2 cm (je zweimal in der
gleichen Farbe), Stichel,
Perlonfaden, Scheren,
Klebestifte

DURCHFÜHRUNG

Mit leuchtenden Farben
malen die Kinder einen
recht großen Flugzeug-
rumpf auf den Karton.
Der Pilot sollte auf jeden
Fall auch zu sehen sein.

Nach dem Trocknen
schneiden sie die Form aus und gestalten diese auf
der Rückseite in der gleichen Weise.

Für die Flügel falten die Kinder zwei zugeschnittene
Flechtstreifen in der Mitte. Dann falzen sie an den
Enden noch einmal etwa 3 cm um und kleben die
Teile nach innen übereinander. So entstehen schmale Dreieckformen, die sie noch mit Flechtstreifenstücken verzieren, bevor sie die Flügel beidseitig an
ihrem Flugzeug befestigen.

Kleinere Tragflächen finden ihren Platz am Rumpf-
ende. Die Kinder bohren in den oberen Rand zwei
Löcher, durch die sie einen langen Perlonfaden
führen und verknoten.

TIPP

Dadurch, dass der Faden durch zwei Öffnungen ge-
führt wird, kann das Flugzeug immer sicher aufgehängt werden und nimmt keine ungewollte Schief-
lage ein.

DER FLIEGENDE ROBERT
Holzfarbstiftzeichnung, Collage

MATERIAL
Zeichenpapiere DIN A4, Deckfarben, Schwämme, schwarze Holzfarbstifte, Scheren, Klebestifte

DURCHFÜHRUNG
Die Blätter im Querformat werden nass gemacht und mit verdünnter schwarzer Farbe grundiert.

Nach dem Trocknen gestalten die Kinder in der unteren Bildhälfte eine Häuserreihe. Diese zeichnen sie differenziert, sorgfältig und abwechslungsreich.

Auf einem weißen Blatt entwerfen sie Robert aufrecht stehend und mit ausgestreckten Armen, außerdem einen großen Schirm mit langem Stock. Alle Teile versehen sie mit vielen unterschiedlichen Mustern. Auch Gesichtszüge und Frisur der Figur zeichnen sie detailliert.

Sie schneiden alle Teile mit schmalem weißen Rand aus und ordnen sie so auf dem Untergrund an, dass Robert am Schirm hängt und zu fliegen scheint.

BALLONFLUG

Deckfarben-, Ölkreidenmalerei, Collage

MATERIAL

Zeichenpapiere DIN A4, Deckfarben, Schwämme,
Pastell-Ölkreiden, Flechtstreifenstücke 2 x 10 cm,
Scheren, Klebestifte, Alleskleber

DURCHFÜHRUNG

Die Kinder bemalen das angefeuchtete Blatt. Auf einem weißen Papier malen sie einen Ballon in hellen
leuchtenden Farben mit Gondel und Fluggast und

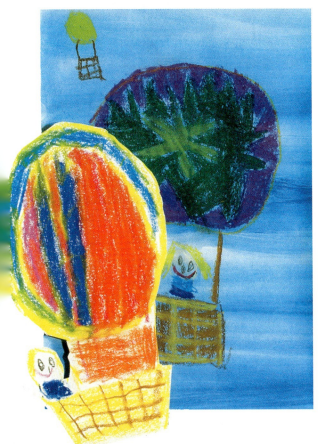

schneiden ihn sorgfältig aus. Nun füllen sie das bemalte Blatt mit weiteren Gondeln, die nach oben hin
immer kleiner werden, aber auch Muster zeigen.

Die Kinder falten die Flechtstreifenstücke in fünf
gleich große Teile, die Streifenbreite haben, und kleben die beiden Enden bündig aufeinander. Nun haben sie quadratische Rahmen, die sie als Abstandshalter an mehreren Stellen auf der Rückseite des
ausgeschnittenen Ballons, der über das Bild hinausragen kann, befestigen.

WIR GEHEN ÜBER DEN ZEBRASTREIFEN

Ölkreidenmalerei auf Schwarz

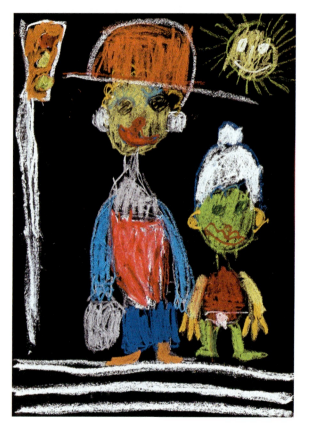

MATERIAL

Schwarze Tonpapiere DIN A4, Pastell-Ölkreiden

DURCHFÜHRUNG

Die gut deckenden und viel Farbe abgebenden Ölkreiden gewinnen besondere Leuchtkraft auf schwarzem Grund. Außerdem erleichtert dieser den Kindern das Darstellen des Zebrastreifens.

Die Kinder beginnen damit, sich und eine Begleitperson möglichst formatfüllend darzustellen. Dabei malen sie alle gezeichneten Teile farbig aus, vor allem auch die Gesichter.

Sie versuchen, viele Einzelheiten zu zeigen und sorgfältig zu arbeiten.

TIPP

Im Anschluss an die Behandlung des Zebra-streifen-Themas ist für Kinder auch die Betrach-tung und Beschreibung eines Zebras interessant, weil dadurch deutlich gezeigt wird, wie die Na-mensgebung des Zebra-streifens entstand.

An freien Stellen neben den Figuren bringen sie wei-tere Attribute wie Ampel und Zebrastreifen an, die die Situation an einem gesicherten Straßenübergang kennzeichnen.

VERKEHRSREICHE STRASSE

Wachsmalerei

MATERIAL

Zeichenpapiere DIN A4,
Wachsmalstifte

DURCHFÜHRUNG

Am Straßenrand stehen dichte Häuserreihen, davor fahren viele Autos in beide Richtungen. Hier ist die Reihung und deutliche Absetzung der gemalten Einzelteile die folgerichtige Lösung des Themas.

Die Kinder beginnen mit der Gestaltung einer Häuserreihe, die recht bunt und abwechslungsreich ausfallen soll.

Die darunter gesetzten Autoreihen müssen sich in der Größe häufig dem verbliebenen Platz anpassen. Anschließend malen die Kinder den Himmel hellblau und die Straße rund um die Autos grau aus.

TIPP

Wachsmalstifte erlauben ein detaillierteres Arbeiten als Ölkreiden, dafür macht das Ausmalen von Flächen mehr Mühe und die Leuchtkraft ist geringer.

SCHUTZKLEIDUNG
BEI SCHLECHTEM WETTER

Holzfarbstiftzeichnung, Filzstiftmalerei, Collage

MATERIAL

Graukartons DIN A4, Schwämmchen, schwarze Deckfarbe, Zeichenpapiere DIN A4, schwarze und rosafarbene Holzfarbstifte, Fasermaler, Scheren, Klebestifte

DURCHFÜHRUNG

Im ersten Arbeitsgang werden die Kartons mit flüssig angesetzter Deckfarbe grau bis schwarz bemalt.

Auf Zeichenpapier stellen sich die Kinder selbst mit Freund, Freundin oder Geschwisterchen dar. Die Gesichter grundieren sie mit einem Holzfarbstift, alles andere malen sie mit Fasermalern. Wichtig ist, dass die Kleidungsstücke in hellen, leuchtenden Farben gezeigt werden, die sich später besonders deutlich vom dunklen Hintergrund abheben können.

Auf den inzwischen getrockneten Karton zeichnen sie mit schwarzem Stift eine Häuserreihe, vor der sie ihre ausgeschnittenen Figuren anordnen und festkleben.

VERKEHRSUNFALL

Collage, Ölkreidenmalerei

MATERIAL

Graue Tonpapiere 25 x 35 cm, Zeitschriftenseiten mit Autoabbildungen, Pastell-Ölkreiden, Scheren, Klebestifte

und unterschiedlich. Sie versuchen, mit den Figuren das Blatt möglichst zu füllen.

TIPP

Mit ausgeschnittenen Autos können die Kinder auch einen Stau oder einen Autofriedhof darstellen. Ein halbiertes Auto lässt sich fantasiereich ergänzen.

DURCHFÜHRUNG

Die Kinder wählen aus den Zeitschriftenseiten zwei Abbildungen von Autos aus, die größenmäßig unge-fähr zueinander passen und in verschiedenen Rich-tungen dargestellt sind. Diese schneiden sie aus und kleben sie so auf den grauen Untergrund, als wären sie zusammengestoßen.

Teile des Autos, die bei dem Unfall kaputt gegangen sind, kennzeichnen sie mit schwarzer Ölkreide.

An einer Unfallstelle finden sich immer viele Neugie-rige ein. Die Kinder malen diese Zuschauer bunt

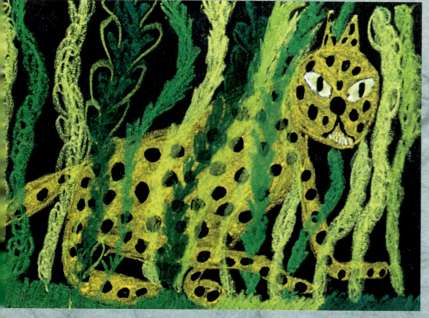

X. FREMDE LÄNDER

X. FREMDE LÄNDER

Die meisten Kinder waren wohl schon einmal im Ausland und konnten fremde Länder, Menschen und Tiere kennen lernen. Doch nicht nur im Urlaub, auch in ihrem Alltag und durch die Medien begegnen Kinder heutzutage mehr fremden Sprachen und Kulturen als je zuvor. Deshalb ist es besonders wichtig, sich schon frühzeitig intensiv mit diesem Thema zu beschäftigen.

Kinder finden es faszinierend, fremde Sprachen zu hören, unbekannte Tänze auszuprobieren oder ungewohnte Speisen zu essen.

Viele Bücher, Bildmaterialien und die Zuordnung der vom Zoobesuch bekannten exotischen Tiere zu den verschiedenen Erdteilen helfen Kindern, eine Vorstellung von einem bestimmten Land zu entwickeln. Durch ein interessiertes Annähern an andere Sitten und Gebräuche lernen sie, sich für neue Orientierungen und Lebensformen zu öffnen. Die Beschäftigung mit vielen verschiedenen Nationen macht Kindern die Größe und auch die Vielfältigkeit unserer Erde deutlich.

EIN COWBOY AUF SEINEM PFERD

Faltarbeit, Filzstiftmalerei, Collage

MATERIAL

Gelbe Tonpapiere DIN A4, braune Tonpapierflechtstreifen 2 x 25 cm und 2 x 35 cm, weiße Zeichenpapiere DIN A5, Fasermaler mit breit malender Spitze, Scheren, Klebestifte

DURCHFÜHRUNG

Aus dem kürzeren, in der Mitte gefalteten Flechtstreifen bilden die Kinder Vorderbeine und Kopf.
Dieser entsteht, indem sie an der Falzstelle einen
Teil schräg abknicken. Aus dem längeren, ebenfalls
einmal gefalteten Streifen entstehen Pferdeleib und
Hinterbeine. Diese werden durch beidseitiges Umfalten im rechten Winkel gebildet.

Die Kinder schieben den vorderen Teil so in den
Leib, dass die Beine gleich lang sind. Dann kleben
sie das Gebilde auf den gelben Untergrund.

Den reitenden Cowboy malen sie mit Fasermalern
auf Zeichenpapier. Sie versuchen dabei, möglichst
viele Einzelheiten darzustellen und beide Arme und
Beine zu zeigen. Die fertig gestellte Figur schneiden
sie aus, schieben das eine Bein hinter den Pferdeleib (ein kleiner Einschnitt kann die Proportionen
verbessern) und kleben den Reiter auf sein Tier.

Weitere Cowboys, Indianer, Zelte und große Kak-
teen malen die Kinder anschließend gleich auf das
Blatt. Sie arbeiten sorgfältig und versuchen, freie
Stellen des Untergrunds zu füllen.

TIPP

Da es den Kindern nicht leicht fällt, auf Anhieb richtige Proportionen zu erzielen, sollten ihnen mehrere Versuche mit Streifen aus Abfallpapieren zugestanden werden.

Aus Tonkarton hergestellt und mit etwas auseinander gebogenen Beinen können die Pferdchen auch stehen. Dann muss die Kopfform allerdings nach innen gefaltet und mit einer schwarzen Mähne aus Krepppapier versehen werden.

247

STOLZE INDIANER
Ausgestaltete Faltarbeit

MATERIAL
Braune Tonpapierquadrate 30 x 19 cm, rote Tonpapierreste (darunter 16 x 7 cm große, in der Mitte gefaltete Stücke für die Köpfe), Schablonen für Arme und Köpfe, kleine Federn mit natürlichen Mustern, schmale farbige Tonpapiersteifen, durchsichtige Klebebandstücke, Bleistifte, Holzfarbstifte, Scheren, Klebestifte

DURCHFÜHRUNG
Nach Anleitung falten die Kinder einen der standfesten Indianerkörper und verzieren ihn auf der Vorderseite mit indianischen Mustern. Dazu verwenden sie Holzfarbstifte.

Die Tonpapierarme kleben sie in die seitlich entstandenen Taschen. Die mit Hilfe einer Schablone gezeichnete und an der Falzlinie verdoppelte Kopfform versehen sie mit Gesichtszügen und schwarzer Haarpracht, bevor sie diese ausschneiden und am Körper befestigen.

Ein leuchtendes Stirnband aus einem schmalen Tonpapierstreifen kleben sie auf der Rückseite des Kopfes fest. Dort werden auch die Federn mit einem Stück Klebeband angebracht.

Körper

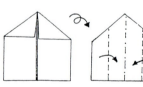

1. zur Mitte falzen, Ecken an Mittellinie falten

2. umdrehen, Seiten an der Mittellinie falten

3. Ecken an Seitenlinien falten

4. umdrehen

ARABIEN
Ausgestaltete Collage

MATERIAL
Zeichenpapiere und Unterlagen aus Wellpappe in DIN A3, Wachsmalstifte, große Dreieckformen aus goldfarbener Wellpappe, unterschiedlich gebogene Wellpappestreifen ca. 1,5–2,5 cm breit, dunkelgrüne Tonpapiere, Reste in Hautfarbe, Zeichenpapiere, Schablonenformen für zwei Blätter und zwei unterschiedlich große Körper, Bleistifte, Holzfarbstifte, Scheren, Klebestifte

DURCHFÜHRUNG
Den Untergrund bereiten die Kinder vor, indem sie das Zeichenpapier auf ein Stück Wellpappe legen und mit quer liegenden Wachsmalstiften in Blau und Braun das Blatt strukturieren.

Aus vorgeschnittenen Dreieckformen wählen sie zwei aus, die sie in unterschiedlichen Höhen auf dem Hintergrund befestigen. Sie werden teilweise von Palmenstämmen überschnitten, die davor und dazwischen geklebt werden.

Mit Hilfe von Schablonen stellen die Kinder für jeden Stamm vier Blätter her, die sie an der Unterseite jeweils mit Zacken versehen. Sie befestigen sie paarweise versetzt an den oberen Stammenden. Diese dürfen dabei über den Blattrand hinausragen.

Araber in weißen Gewändern entstehen aus Zeichenpapier und erhalten gemalte Gesichter und Kordeln, die die Kopfbedeckungen festhalten sollen. Die Kinder platzieren sie spannungsreich und in unterschiedlichen Höhen im untersten Drittel des Blattes.

AFRIKANISCHE MUTTER

Ölkreidenmalerei, Geschenkpapiercollage

DURCHFÜHRUNG

In unterschiedlichen Höhen, aber in immer ausreichenden Größen malen die Kinder die Köpfe der Schwarzafrikaner auf ihr Tonpapier. Mit weißer Farbe stellen sie dann erst die Augenformen dar, bevor sie die Gesichter braun ausmalen, mit Hals und Ohren versehen und die Gesichtszüge ausgestalten. Schwarz gekräuselte Haare dürfen nicht fehlen.

Sie fügen einfache Körper mit Gliedmaßen an. Diese sollten das Format möglichst füllen. Sorgfältig malen die Kinder Arm- und Beinformen, Hände und Füße braun aus.

Für die Darstellung der farbenprächtigen Kleidung stehen ihnen Geschenkpapierreste zur Verfügung, die sie in Form schneiden und vor den Körpern befestigen.

MATERIAL

Hellblaue Tonpapiere 25 x 35 cm, Pastell-Ölkreiden, Geschenkpapierreste aus Seiden- und festeren Papieren, Scheren, Klebestifte

INDIOFRAUEN ZUM AUFSTELLEN

Ausgestaltete Faltarbeit

MATERIAL

Schmal gestreifte Geschenkpapiere mit verschiedenen Mustern 15 x 15 cm und 7 x 11 cm für die Kinder, Tonkartonstücke in leuchtenden Farben, hellbraune und schwarze Tonkartonreste, Holzfarbstifte, Schablonen für Körper, Gesichtsform und Hut, Bleistifte, schmale schwarze Krepppapierstreifen, Scheren, Klebestifte

DURCHFÜHRUNG

Die Kinder falten die Grundform der Figur genau wie den „Ausflugsdampfer" (Faltanleitung s. Seite 227), drehen das Endergebnis aber herum. Sie erhalten ein „Haus" mit breit überstehendem Dach.

Nach Schablone stellen sie einen Körper aus Tonkarton her, schieben ihn vorn in die Lasche der Faltform und kleben ihn dort fest. Am oberen abgerundeten Ende befestigen sie eine braune Gesichtsform, die sie mit Holzfarbstiften ausgestalten.

Die geflochtenen Zöpfe entstehen aus miteinander verdrehten Krepppapierstreifen. Ihre Klebestelle an der Stirn verdeckt ein schwarzer Hut aus Tonkarton.

Aus kleineren Bogenformen mit frei geschnittenen Köpfchen können noch Kinder dargestellt werden, die die Mütter oft in einem großen Tuch auf dem Rücken tragen. Auf jeden Fall sollte ein rechteckiges Geschenkpapierstück den Oberkörper schmücken und sich deutlich von den anderen Mustern und Farben abheben.

AFFEN
IM URWALD
Deckfarbenmalerei

MATERIAL

Zeichenpapiere DIN A3,
Deckfarben, Abbildungen
von Affen

252

DURCHFÜHRUNG

Ohne Vorzeichnung malen die Kinder zwei oder auch mehr Affen auf ihr Blatt. Sie bemühen sich, die Tiere formatfüllend und lebendig wirkend darzustellen. Damit sich die Augen deutlich abheben, werden weiße Stellen entweder ausgespart oder mit Deckweiß aufgemalt.

Für Fell und Gesicht verwenden die Kinder Rotbraun und Ocker, zum Mischen Gelb und Schwarz.

Viele unterschiedliche Grüntöne bilden den Hintergrund. Die Verwendung der Farben aus dem Kasten ist nur in Verbindung mit anderen Farben erlaubt. Damit sich die Affen deutlich von ihrer Umgebung abheben, versuchen die Kinder, sie mit helleren oder dunkleren Grüntönen zu umrahmen. Meist müssen die Umrisse der Tiere nachträglich noch einmal verdeutlicht werden.

LÖWEN

Kartonplastik

MATERIAL

Vario-Karton „Sand" 14 x 11,5 cm, in der Mitte gefalzt und quadratische Formen 6,5 x 6,5 cm, ocker-
farbene Tonkartonreste, Fasermaler, Moosgummiteile
Stärke 5 mm, weiße Markierungspunkte Ø 9 mm,
Bleistifte, Scheren, Klebestifte

DURCHFÜHRUNG

Die Kinder stellen den Löwen-
körper her, indem sie das gefaltete Kartonstück an der
Falzlinie beidseitig abrunden und
an der offenen Seite unten eine Bo-
genform ausschneiden. Diese zeichnen sie erst vor und lassen sie von
einem Erwachsenen überprüfen. Einen frei geschnittenen Schwanz mit bemalter Quaste kleben sie am
hinteren Ende dazwischen.

Aus dem quadratischen Teil entwickeln sie die Kopfform, indem sie rundum immer wieder alle Ecken
abschneiden. Dann umrahmen sie das Gebilde mit
dicht nebeneinander gesetzten, kräftigen braunen
Strichen. Damit die Mähne noch natürlicher wirkt,
können sie diese noch mit kleinen ausgeschnittenen
Zacken versehen.

Für die Gestaltung der Gesichtszüge verwenden sie
weiße Klebepunkte und Fasermaler. Bevor sie den
Kopf am Rumpf befestigen, kleben sie ein Moos-
gummi-Stanzteil als Abstandshalter dazwischen.

TIPP

Durch einfache Verdoppelung des Rumpfes und
später angebrachter Kopfform können die Kinder
eine Vielzahl standfester Tierfiguren herstellen.
Kühe, Katzen, Schweine oder Schafe eignen sich
besonders gut.

EIN RAUBTIER
VERBIRGT SICH IM DICKICHT
Ölkreidenmalerei auf Schwarz

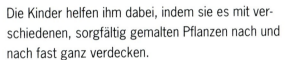

MATERIAL
Schwarze Tonpapiere DIN A4, Pastell-Ölkreiden,
Abbildungen von Raubkatzen

Die Kinder helfen ihm dabei, indem sie es mit verschiedenen, sorgfältig gemalten Pflanzen nach und
nach fast ganz verdecken.

Deutlich sollte aber auch zum Schluss noch der
Kopf mit dem Gesicht zu erkennen sein. Zumindest
die Augen müssen aus dem Dickicht hervorfunkeln
können.

DURCHFÜHRUNG
Aufgabe ist es, einen gefährlichen Tiger oder Leo-
parden formatfüllend auf dem schwarzen Blatt darzustellen. Sein Gebiss ist vielleicht Furcht einflößend
gefletscht und die Pfoten sind leicht nach vorn gebogen.

Damit das Raubtier möglichst lange nicht von seiner
erwählten Beute entdeckt wird und damit seine
Jagdchancen verbessert werden, versteckt es sich
hinter hohen Gräsern und Sträuchern.

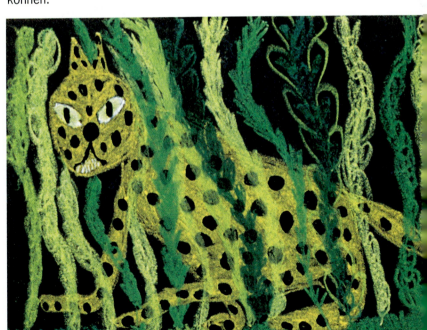

PARADIESVOGEL

Holzfarbstiftzeichnung, Collage,
plastisches Bild

MATERIAL

BLANKI-Bilderrahmen, Deckfarben, dunkelgrüne
Tonpapiere und dunkelrote Tonkartonstücke
14,5 x 21 cm, Holzfarbstifte in Weiß, Gelb und
Orange, Permanent-Marker in Gold, Scheren,
Klebestifte

DURCHFÜHRUNG

Die Kinder bemalen den ganzen sichtbaren Teil des
Bilderrahmens mit grüner Deckfarbe, ebenso den
Innenteil, der nach dem Trocknen herausgedrückt
wird.

Auf dunkelrotem Tonkarton zeichnen sie eine einfache Vogelkörperform. Oben sollen noch die Kopf-
federn hinpassen, unten wird Platz für die langen
geschwungenen Schwanzfedern benötigt.

Sie differenzieren den Vogel weiter aus und versuchen vor allem, die Federstruktur deutlich und sorgfältig ausgeführt wiederzugeben. Mit dem Permanent-Marker setzen sie zum Schluss noch einige goldene Akzente.

Aus dem inneren Stanzteil schneiden sie eine einfache Astgabel mit zwei Enden. Sie schieben den ebenfalls ausgeschnittenen Vogel mit den Füßchen darüber und kleben alles am Rand des Bilderrahmens fest.

Ein an der Rückseite eingefügtes grünes Tonpapierstück bringt die Gestaltungen durch den Kontrast zum Leuchten.

TIPP
Die gestanzten Bilderrahmen aus Karton erlauben vielerlei Gestaltungen, bei denen sich der Hintergrund besonders deutlich vom Bildgegenstand abheben sollte.

ELEFANTEN
Kartonplastik, Faltarbeit

MATERIAL
Graue Tonkartonstücke
10 x 24 cm, in der Mitte
gefaltet, Postkartenzu-
schnitte und graue Ton-
kartons in gleicher Größe,
Körperschablonen, Holz-
farbstifte in Weiß, Schwarz und
Rot, weiße Zeichenkartonreste, graue, spitz zulau-
fende Tonpapierstreifen 4 x 50 cm, Bleistifte,
Scheren, Klebestifte

DURCHFÜHRUNG
Die Kinder falten einen
Postkartenzuschnitt in
der Mitte, zeichnen an
der Falzlinie einen halben
Kopf mit einem großen
Ohr und schneiden die
Form doppelt aus. Nach
dem Aufklappen übertra-
gen sie diese auf ein
graues Kartonstück.

Den Elefantenkörper stel-
len sie nach Schablone
her. Er muss am hinteren
Ende zusammenhängen

und erhält einen kleinen eingeklebten Schwanz aus
einem Kartonrest.

An zwei Einschnitten zwischen Kopf und Ohr kann
die Form über die beiden auseinander stehenden
Körperteile geschoben werden. Vorher malen die
Kinder aber noch die Gesichtszüge, kleben den ge-
falteten Hexentreppenrüssel an und versehen das
Tier nach Wunsch mit zwei Stoßzähnen aus Karton.

TIPP
Die Köpfe rutschen beim Spielen leicht nach hinten
oder fallen ganz herunter. Kleine Klebebandstücke
hinter den Ohren, die den Kopf mit dem Körper verbinden, schaffen Abhilfe.

LEBEN IM URWALD

Deckfarben-, Ölkreidenmalerei, Applikation

MATERIAL

Zeichenpapiere DIN A3, Deckfarben, Ölkreiden, Scheren, Schneidemesser, Unterlage

Schlange hindurchfädeln lässt. Er achtet dabei darauf, dass nur kurze Stücke des Tiers auf der Rückseite verschwinden, der größte Teil aber auf der Vorderseite sichtbar bleibt.

DURCHFÜHRUNG

Das ganze Blatt wird mit Deckfarben in vielen ermischten Grüntönen grundiert. Nach dem Trocknen bemalen es die Kinder mit Ölkreiden weiter und stellen dabei exotische Gewächse, Lianen und prächtig blühende Pflanzen dar.

Auf einem weißen Zeichenblatt entwerfen sie eine lange sich windende Schlange und versehen sie mit hellen leuchtenden Mustern.

Nach dem Ausschneiden des Tiers legt es ein Erwachsener auf den Untergrund und schneidet diesen an mehreren Stellen ein, sodass sich die

XI. IM REICH
DER FANTASIE

XI. IM REICH DER FANTASIE

Die Fantasie der Kinder ist unübertroffen. In der kindlichen Welt wird aus einem Holzbaustein in Sekundenschnelle ein Pferd oder ein Flugzeug. Kinder lieben es, sich unsichtbare Gefährten vorzustellen, sich in erdachten Welten zu bewegen, zu träumen oder einfach so zu tun als ob. Häufig versuchen Erwachsene, die Kinder weg von der Fantasie und hin zu kognitiven Lernzielen zu führen, weil Rationalität und der Leistungsgedanke in unserer Gesellschaft einen sehr hohen Stellenwert einnehmen.

Doch sollte man die Wichtigkeit der Fantasie nicht unterschätzen: Kinder verarbeiten durch Tagträume und Fantasien bereits Erlebtes, bereiten sich auf neue Situationen vor und drücken Unsicherheit, Angst, Freude, Trauer oder Ungeduld aus.

Sie lernen – auch wenn es paradox klingen mag – durch den intensiven Umgang mit fantastischen Gedanken und Geschichten die Realität bewusster wahrzunehmen, einzuordnen und zu verstehen.

RAUMFÄHRE

Deckfarben-, Gouachemalerei

MATERIAL

Zeichenpapiere DIN A3,
Deckfarben mit Deckweiß

DURCHFÜHRUNG

Die Kinder färben das angefeuchtete Blatt blau ein.
Störende Flecken können mit dem Schwamm korri-
giert werden.

Auf dem Bild soll eine Rakete oder Raumfähre zu
sehen sein. Sie wird von Astronauten umgeben, die
um sie herumschweben.

Da die Deckfarben auf dem blauen Grund nicht mehr leuchten, mischen die Kinder jede verwendete Farbe mit Deckweiß. Sie versuchen, klar abgegrenzte Formen in kontrastierenden Farbtönen zu erzielen.

Freie Stellen füllen sie abschließend mit kleineren und größeren Sternformen.

TIPP

Unter Gouachemalerei versteht man eine Malweise, bei welcher alle Farbtöne mit Deckweiß aufgehellt werden, um eine größere Deckkraft zu erzielen. Hierfür eignen sich alle dunkleren Untergründe. Arbeitssparend ist es, auf farbige Tonpapiere zu malen, die Wirkung ändert sich dadurch aber stark.

MONDHÄUSER
Ölkreidenmalerei, Collage

MATERIAL

Quadratische schwarze Tonpapiere 30 x 30 cm,
Metallic-Pastell-Ölkreiden in Gold, verschieden breite
Streifen von Geschenkpapierresten, Goldfolienpa-
piere mit und ohne Muster, Scheren, Klebestifte

Sie schneiden von verschieden breiten Musterpa-
pierstreifen Rechtecke in unterschiedlichen Größen
ab und kleben sie lückenlos nebeneinander auf die
Mondoberfläche. Dabei achten sie auf eine span-
nungsreiche Anordnung.

Dreieckformen aus Goldfolienpapieren werden zu
Dächern, kleine Rechtecke zu Türen und Fenstern.
Gemalte goldene Sternformen rundum ergänzen die
Gestaltung.

DURCHFÜHRUNG

In die Mitte des Blattes malen die Kinder einen Kreis,
dessen Größe und Form sich nachträglich leicht verändern lässt. Er soll möglichst rund sein und darf
nicht zu klein ausfallen, damit viele Häuser darauf
Platz finden. Die Kinder füllen ihren Mond sorgfältig
mit goldener Farbe aus.

TIPP

Auf einem rechteckigen Format könnte die Mondoberfläche am unteren Bildrand durch einen Kreis-
ausschnitt dargestellt werden. Die Häuser darauf
liegen dann fast nebeneinander und lassen sich mit
den unterschiedlichsten Materialien ausarbeiten.

SELTSAME WESEN AUS DEM WELTALL

Faltarbeit, Plastik

DURCHFÜHRUNG

Mit Fasermalern gestalten die Kinder eine Papprolle mit verschiedenen Mustern.

Sie wählen zwei Faltpapiere in unterschiedlichen Farbtönen aus und falten sorgfältig auf beiden die Diagonalen (1). Dann drehen sie die Blätter um (wichtig!) und falten die Kreuzform (2). Nun können sie die Faltarbeit zu kleineren quadratischen Formen zusammenschieben (4).

Sie biegen eine Hälfte des auf dem Kopf stehenden Quadrates zu einer Dreieckform nach oben (5). Darunter kleben sie das zweite Quadrat fest und falten die Spitze bis zur Mittellinie um. Die große Dreieckform darüber erhält gemalte Augen, die darunter liegende wird als Mund ausgestaltet (7). Am besten legen die Kinder dabei ein Stück Papier darunter, um den Rest der Faltarbeit nicht ebenfalls zu bemalen.

Sie kleben den Kopf mit der hinteren quadratischen Form in die Rolle. Für die Arme falten sie Hexentreppen, die sie seitlich anbringen. Eine kürzere Faltform wird zur Antenne.

MATERIAL

Graue oder weiße Papprollen, Fasermaler, quadratische Faltpapiere 9 x 9 cm in verschiedenen Farbtönen, farbige Flechtstreifen für die Arme 1 x 34 cm und für die Antenne 1 x 16 cm, Klebestifte

zweite Form einfügen, kleines Dreieck falten

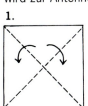

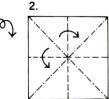

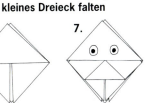

ASTRONAUT
AUF EINEM FREMDEN PLANETEN

Malerei mit Metallicstiften, Collage

MATERIAL

Schwarze Tonpapiere 25 x 35 cm, Zeichenpapiere DIN A4, Metallic-Wachsmalstifte, Scheren, Klebestifte

DURCHFÜHRUNG

Auf Zeichenpapier stellen die Kinder einen Astronauten in seinem silbernen Raumanzug dar. Das Gesicht ist unter dem Schutzhelm zu sehen und soll farblich differenziert dargestellt werden.

Die Kinder malen alle Gliedmaßen ausreichend lang und breit und zeigen an der Kleidung viele Einzelheiten. Die fertig gestellte Figur schneiden sie aus.

Auf schwarzem Tonpapier malen sie am unteren Rand ein Stück der Oberfläche des Planeten, die sich deutlich von ihrem Astronauten abheben muss. Den Rest des Blattes füllen sie mit dem Raumschiff, größeren Planeten und vielen Sternen, bevor sie ihre Figur so davor ankleben, dass sie keine wesentlichen Teile des Hintergrunds verdeckt.

TIPP

Eine Abwandlung des Themas wäre es, die Figur des Astronauten mit verschiedenen silberfarbenen Alufolienteilen auf den bereits bemalten Hintergrund zu kleben – so würde er noch mehr glänzen und sich abheben.

ROTKÄPPCHEN

Deckfarbenmalerei auf Tonpapier

MATERIAL

Dunkelgrüne Tonpapiere DIN A3, Temperablocks in
Leerpaletten (mit Weiß!), breite Borstenpinsel

DURCHFÜHRUNG

Hier soll die Begegnung von Rotkäppchen mit dem
Wolf im Wald dargestellt werden. Damit die beiden
Figuren groß genug ausfallen, zeichnen die Kinder
ihre Umrisse erst einmal mit dem Finger auf dem
Blatt vor.

Sie beginnen mit dem Kopf des Kindes, der mit
einem im Farbnapf ermischten Rosaton aus einem
Farbklecks heraus gemalt wird. So lässt er sich beliebig vergrößern. Gesichtszüge und Körper fügen

sie erst später nach dem Trocknen der Farbe hinzu. Braun oder etwas Schwarz mit Weiß zusammen ergibt die Fellfarbe des Wolfes, der wieder aus einem Farbklecks heraus immer größer gemalt wird, bis er die gewünschten Ausmaße erreicht hat.

Bäume mit vielen Ästen und Blättern sowie Blumen füllen schließlich die noch frei gebliebenen Stellen.

TIPP

Die leuchtenden und gut deckenden Temperafarben eignen sich hervorragend zum Malen auf dunklen Untergründen. Besonderes Augenmerk sollte darauf gelegt werden, dass die Kinder beim Farbwechsel den Pinsel gründlich säubern und am Mallappen trocken tupfen.

RUMPELSTILZCHEN

Pfeifenputzercollage

MATERIAL

Verschiedenfarbige Pfeifenputzer Ø 6 mm von 25 cm und 12,5 cm Länge, Schablonen für Kopf und Gewand, bunte Krepppapierstücke 3 x 13 cm, schwarze Tonkartons 17,5 x 25 cm als Untergrund, rosa Tonkartonstücke, Chenilledraht in Gelb, Orange und Rot, Bastelkleber, Bleistifte, Fasermaler, Scheren, Klebestifte

DURCHFÜHRUNG

Für das Rumpelstilzchen umfahren die Kinder die Kopfschablone auf rosafarbenem Karton, bemalen die Form mit Fasermalern und schneiden sie aus.

Der Körper entsteht aus einem langen, in der Mitte zusammengebogenen und etwas verdrehten Pfeifenputzerstück, ein halb so langes wird als Armteil dazwischen geschoben. Das Mäntelchen stellen die Kinder nach Schablone aus dem einmal gefalteten Krepppapierstück her. Zum Anziehen schneiden sie es vorne auf und fügen es seitlich mit Klebestift zusammen. Den Kopf befestigen sie darüber.

Für das Feuer kleben sie auf eine Seite des Untergrunds quer liegend kleine braune Pfeifenputzerstücke, darüber kommen dicht nebeneinander die Flammen, zunächst in Rot-, dann in Orange- und Gelbtönen. Die Chenilledrahtstücke halten am besten auf einer dicken Bastelkleberschicht, die auf den Tonkarton aufgetragen wird. Sie trocknet glasklar.

Das in Form gebogene Rumpelstilzchen findet schließlich seinen Platz daneben.

GOLDMARIE UND PECHMARIE
Wachsmalerei, Absprengtechnik, Collage

MATERIAL
Zeichenpapiere DIN A4, wasserfeste Wachsmalstifte, Tusche, ein breiter Flachpinsel, fließendes Wasser, hellblaue Tonpapiere DIN A4, 1 cm breite schwarze Glanzpapier-, Goldfolien- und grüne Tonkartonflechtstreifen, Scheren, Klebestifte

DURCHFÜHRUNG
Nachdem die Kinder das Zeichenblatt in der Mitte gefaltet haben, malen sie die beiden Mädchen aus dem Märchen jeweils auf eine Blatthälfte. Die Kopfgröße wird vor der Weiterarbeit überprüft. Die Kinder versuchen das Format zu füllen und die Wachsmalstifte mit festem Druck zu verwenden. Es ist wichtig, alle Flächen deckend auszumalen.

Eines der Kinder soll traurig, das andere fröhlich aussehen. Die Hälfte mit der traurigen Figur überzieht ein Erwachsener rasch mit Tusche und lässt sie kurz antrocknen. Unter fließendem Wasser reiben die Kinder dann die Tusche vorsichtig(!) wieder ab. Verbleibende Tuschereste auf der Malerei stellen das schmutzige Pech dar.

Das blaue Tonpapier wird in der Mitte gefaltet und über der Falzlinie mit einem dünnen grünen Tonpapierstreifen beklebt. Ein breiterer Streifen bildet die Bodenfläche, auf welcher die ausgeschnittenen Figuren befestigt werden. Auf das fröhliche Mädchen „regnet" es nun Goldstücke, das andere wird von Pech überschüttet.

TIPP
Die Dauer des Tuscheauftrags und das vorsichtige Entfernen unter fließendem Wasser sollte vorher an einfacheren Objekten geübt werden.

STERNTALER

Polyblock-Druck

MATERIAL

Polyblock-Druckplatten (halbiert 14,2 x 19,5 cm),
schwarze Aqua-Linoldruckfarbe, Holzschabegriffel,
Glasplatte, Farb- und Andruckwalze, Kopierpapiere
DIN A4, Papierschneidemaschine

DURCHFÜHRUNG

Möglichst formatfüllend stellen die Kinder das Stern-
talermädchen dar. Die Größe des Kopfes legen sie

erst fest, wenn sie sei-
ne Form mit dem Fin-
ger auf dem Unter-
grund umfahren haben
und überprüfen ließen.

Sie ritzen sorgfältig
die Gesichtszüge und
versehen das Hemd
mit verschiedenen Mus-
tern. Die Bodenfläche
verdeutlichen sie mit
kleinen Querstrichen
oder Grasbüscheln.
Den Hintergrund bilden
viele Sterne, die sich
nach unten hin schon
in runde Goldtaler ver-
wandeln können.

Der Druckstock wird mit dünn gewalzter Linoldruckfarbe überzogen. Die Kinder legen ein weißes Blatt
darauf, drücken es leicht an und fahren dann kräftig
mit einer zweiten Walze darüber.

Der Abzug muss einige Zeit trocknen. Inzwischen
kann der Druckvorgang noch mehrmals wiederholt
werden.

BRÜDERCHEN UND SCHWESTERCHEN

Ölkreidenmalerei, Aufstellbild

MATERIAL

Vario-Kartons „Nadeln" 25 x 17,5 cm, Kartonstreifen als Ständer an der Rückseite 16 x 4 cm, in der Mitte geritzt, rosafarbene Kartonstücke 23 x 16 cm, Pastell-Ölkreiden, Scheren, Klebestifte

DURCHFÜHRUNG

Auf einen Karton in Gesichtsfarbe malen die Kinder die beiden Figuren so groß wie möglich. Diese berühren mit den Füßen den unteren Rand und halten sich an den Händen.

Nach dem Ausschneiden werden sie nur mit den mittleren Händen auf den Waldkarton geklebt. Auch hier schließen die Füße genau mit dem Rand des Untergrunds ab. Nun können die Kinder die Arme der Figuren einmal am Handgelenk nach vorn, ein Stück dahinter wieder zurückfalten. So treten Brüderchen und Schwesterchen aus dem Bild hervor und wirken plastisch.

Endgültige Stabilität erhalten die Werke, wenn auf der Rückseite noch zusätzlich ein Kartonstreifen angebracht wird. Dieser soll mit dem unteren Rand abschließen, aber nur mit seiner oberen Hälfte an der Rückwand befestigt sein.

SCHNEEWITTCHEN

Collage, Applikation

MATERIAL

Große Kartons 60 x 45 cm, Silberfolie, Heftzange, goldene Streifen aus Mikrowellpappe 5 cm breit, Papiere in Gesichtsfarbe DIN A4, einfarbige und klein gemusterte Stoffreste, Spitzen und Borten, Knöpfe, schwarze Wolle, farbige Papiere für die Gestaltung der Gesichtszüge, schwarze Fasermaler, Scheren, Klebestifte

DURCHFÜHRUNG

Ein Erwachsener überzieht die Kartons mit Silberfolie und sichert die Ränder mit der Heftzange. Die Kinder bekleben sie anschließend mit goldenen Wellpappestreifen, die die Klammern verdecken.

Aus rosafarbenem Papier stellen sie die Köpfe her, indem sie das rechteckige Blatt leicht abrunden. Die Gesichtszüge schneiden und kleben sie aus bunten Papieren. Nur die Wimpern werden mit schwarzem Stift eingezeichnet.

Da ein Portrait gestaltet werden soll, wählen die Kinder ein passendes Stoffstück aus, das vom Hals bis zum unteren Bildrand reicht. Sie schneiden es in Form und verzieren es nach Belieben mit Spitzen und Knöpfen.

TIPP

Ein Museumsbesuch bietet oft die Möglichkeit, Gemälde zu bewundern, die mittelalterliche Roben zeigen. Die Kinder betrachten alles sehr aufgeschlossen und bemerken viele Einzelheiten, die sie dann in eigene Gestaltungen einfließen lassen.

Für die Haare bilden sie ein ganzes Büschel ungefähr gleich langer Wollfäden, das sie oberhalb des Gesichts mit Bastelkleber befestigen und auch seitlich an einigen Stellen ankleben.

FABELTIER

Regenbogenpapiercollage

MATERIAL

Schwarze Tonkartons DIN A4, Rechtecke, Quadrate, Streifen und Kreissegmente aus Regenbogen-Falt-papieren (Faltblätter 15 x 15 cm und Faltkreise Ø 15 cm, mit der Papierschneidemaschine vorge-schnitten), weiße Markierungspunkte Ø 20 mm und größer, farbige und schwarze Markierungspunkte Ø 12–19 mm, Scheren, Klebestifte

Ein geeignetes Thema stellt auch das Kleben einer „Bauklötzchen-stadt" dar. Runde Formen können zu Ballons werden, die der Verkäufer an Strippen in der Hand hält. Das Regenbogen-Buntpapier erzielt in jedem Fall durch seine Farbverläufe eine ganz besonders reizvolle Wirkung.

DURCHFÜHRUNG

Die Kinder beginnen die Arbeit, indem sie ein großes Regenbogen-Glanzpapierstück etwa in der Mitte des schwarzen Untergrunds als Körper befestigen.

Bei der weiteren Ausgestaltung können sie ihrer Fantasie freien Lauf lassen. Eine große Auswahl unterschiedlicher, bereits vorgeschnittener Papierstücke steht ihnen dabei zur Verfügung. Wer möchte, kann einzelne Teile auch mit Zacken versehen.

Deutlich wird das Fabeltier erkennbar, wenn große kontrastierende Augenformen ihm einen fast lebendigen Ausdruck verleihen.

VIELE ZWERGE ARBEITEN IM BERGWERK

Ölkreidenmalerei auf Schwarz

MATERIAL

Schwarze Tonpapiere DIN A3, Pastell-Ölkreiden

Mäntelchen, Kapuzen, Armen und Beinen, die bis zum Boden hinunterreichen.

Weiße Bärte und Frisuren, sorgfältig gestaltete Gesichtszüge und Hände in Gesichtsfarbe schmücken die Männlein weiter aus. Rechteckig gemalte Formen am Boden symbolisieren die Edelsteine und füllen noch frei gebliebene Stellen.

DURCHFÜHRUNG

Eine schräge Zickzacklinie soll den Stollen verdeutlichen, der immer tiefer ins Erdreich hineinführt. Sie reicht immer von einem Blattrand zum anderen.

Die größten Zwerge arbeiten natürlich da, wo am meisten Platz ist, die kleineren in den Winkeln. Die Kinder beginnen mit dem Malen der Köpfe, die sie in Gesichtsfarbe anlegen. Sie ergänzen sie mit

HEXENRITT AUF DEM BESEN
Ölkreidenmalerei auf Schwarz

MATERIAL
Schwarze Tonpapiere DIN A4, Pastell-Ölkreiden

DURCHFÜHRUNG
Um eine Hexe darzustellen, die auf ihrem Besen durch die Luft reitet, müssen die Kinder beim verwendeten Querformat den Kopf in eine der beiden oberen Ecken setzen. Haben sie ihn aus einem Farbfleck heraus ausreichend groß gemalt, setzen sie diagonal den Hals an.

Es folgen der Oberkörper und der sich in der Luft bauschende Rock, die in ihren Ausmaßen zum Kopf passen sollten.

Gesichtszüge, Haare, Arme und Beine, Kopftuch und Muster in der Kleidung bringen die Kinder anschließend an und vergessen auch den Reisigbesen mit langem Stiel nicht, an welchem sich die Hexe möglichst mit beiden Händen festhält.

GOLDENER DRACHE
Deckfarbenmalerei, Holzfarbstiftzeichnung

Den weißen Untergrund färben sie in vielerlei er-mischten Grüntönen ein. Sie versuchen dabei, die Umrisse des Drachens nicht zu übermalen und kei-ne Stellen frei zu lassen.

Nach dem Trocknen gestalten sie die Gesichtszüge und strukturieren den ganzen Körper mit schuppen- oder zackenartigen Mustern. Dafür verwenden sie gold- und silberfarbene Holzfarbstifte.

TIPP
Gemalte Flächen müssen ganz getrocknet sein, be-vor sie mit Stiften weiter bearbeitet werden können. Sonst reißt das Papier ein!

MATERIAL
Zeichenpapiere DIN A3, Deckfarben, Holzfarbstifte in Gold und Silber

DURCHFÜHRUNG
Der „goldene Drache der Weisheit" aus Michael En-des Buch: „Jim Knopf und die Wilde 13" eignet sich besonders gut als Hinführung zum Thema.

Die Kinder malen den gelben Bauch des Drachens in der Mitte des Blattes aus einem Farbklecks he-raus und vergrößern ihn nach Bedarf. Anschließend versehen sie das Tier mit Kopf, Beinen mit Pfoten-formen und einem Schwanz.

AUF DEM TEPPICH DURCH DIE LÜFTE

Deckfarbenmalerei, Holzfarbstiftzeichnung, Collage

MATERIAL

Zeichenpapiere DIN A3, Deckfarben, farbige Zeitschriftenpapiere, quadratische und rechteckige Formen aus hellen Faltpapieren, Pastell-Ölkreiden, Holzfarbstifte, rosa Tonkartons DIN A5, weiße Zeichenpapierreste, Scheren, Klebestifte, Papierschneidemaschine

DURCHFÜHRUNG

Im ersten Arbeitsgang wird ein großes Zeichenpapier lückenlos mit wässrigem Blau überzogen.

Aus Faltpapierteilen kleben die Kinder an den unteren Rand des Blattes dicht nebeneinander viele Hausformen. Sie probieren vorher aus, mit welchen Papieren sie die beste Füllung erreichen und achten auf Abwechslung bei Formen und Farbtönen.

Mit Pastell-Ölkreiden malen sie bunte Dächer darüber und versehen die Gebäude mit Fenstern, Türen und auch mit Schornsteinen.

Ein rechteckiges Papierstück bekleben sie lückenlos mit gerissenen Zeitschriftenschnipseln in einem Farbton. Es wird mit der Papierschneidemaschine zurechtgeschnitten und dient als Teppich.

Die Kinder versuchen, auf dem rosafarbenen Kartonstück eine sitzende Figur darzustellen, die auf dem Teppich fliegen soll. Sie gestalten sie mit bunten Holzfarbstiften und befestigen sie nach dem Ausschneiden zusammen mit dem Teppich über den Dächern der Stadt. Weiße geschnittene Wolkenformen füllen freie Stellen am Himmel.

GRÄSSLICHES RIESENINSEKT
Deckfarbenmalerei mit Farbbeschränkung

MATERIAL
Zeichenpapiere DIN A3, schwarze und gelbe Deck-farben, Deckweiß

DURCHFÜHRUNG
Ein Insekt besteht aus Kopf, Brust und Hinterleib. Sechs Beine sitzen am Brustteil, an welchem auch die Flügel angewachsen sind. Dies wird den Kindern (etwa anhand einer Schautafel) bewusst gemacht.

Sie „erfinden" selbst ein Insekt, das riesengroß und grässlich sein soll. Dafür malen sie zunächst die Umrisse auf das Papier. Sie versuchen dabei schon, das Format möglichst zu füllen. Für das Ausgestalten der Tiere müssen sie sich mit Schwarz, Weiß, Gelb und Mischtönen daraus begnügen.

Auch den Hintergrund gestalten sie in diesen Tönen. Er soll aber durch unterschiedliche Helligkeitswerte klar mit dem Insekt kontrastieren.

TIPP

Die Farbbeschränkung bringt oft „schmutzig" wirkende Töne hervor, die sich für die Darstellung von negativ besetzten Themen (z. B. „Drache in seiner Höhle", „Fabrikschornsteine verpesten die Luft" oder „Pechmarie") besonders gut eignen.

FAMILIE MONSTER

Faltarbeit, Filzstiftmalerei,
Collage

MATERIAL

Zeichenpapiere DIN A4
und DIN A5, dunkelgraue
Tonpapiere DIN A3, Faser-
maler mit breiter Spitze,
Tonpapierreste in hellen
Farben, Bleistifte, Scheren,
Klebestifte

DURCHFÜHRUNG

Die Kinder falten ein Zeichenblatt
in der Mitte, zwei nebeneinander liegende Ecken zu
diesem Falz hin und noch
ein weiteres Mal zur Mittellinie, sodass eine Dreieckform
mit zwei „Ohren" entsteht. Dann kleben
sie die Faltung fest und bearbeiten die
Rückseite weiter.

Die Familie soll aus zwei großen und einer kleinen
Figur bestehen. Die Kinder bemalen alle Teile mit
leuchtenden Farben und betonen die Gesichtszüge
durch besondere Muster und Umrahmungen.

Im Faltschnitt entstehen (mit Bleistift vorgezeichnete)
Arm-, Bein- oder Flossenformen, die hinter die Figuren geklebt werden. Die fertig gestellten Monster
finden schließlich auf dem dunklen Tonpapieruntergrund ihren Platz.

TIPP

Bei der Faltung können durch Umdrehen die „Ohren"
auch zu „Füßen" werden. Dann müssen Kopf und
Arme ergänzt werden (Krippenbild als Gruppenarbeit, frei von der Decke hängende Figuren, Engel).

Monster

1.

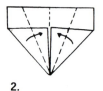

2.

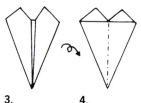

3.　　4.

MONSTERSPINNEN

Zeitungspapierplastik

MATERIAL

Plastikunterlagen, angerührter Tapetenkleister, Zeitungspapier, dicker Faden oder dünne Schnur, Plaka-Farben in Weiß, Schwarz und Braun, schwarze und braune Pfeifenputzer Ø 14 mm, Klebeband, Zeichenpapiere, rote und gelbe Tonpapierreste

DURCHFÜHRUNG

Aus einer doppelten Zeitungspapierseite formen die Kinder eine feste Kugel und setzen diese auf ein weiteres Doppelblatt. Dann fassen sie alle Seiten und Ecken unter Mithilfe eines anderen Kindes zusammen und binden sie mit Schnur ab.

Ein Erwachsener drückt das überstehende Zeitungspapier rundum flach an den Körper und kürzt es gleichmäßig auf etwa 5 cm Länge.

Die Kinder befestigen den Überstand mit Klebebandstreifen und überziehen die ganze Kugelform mit mehreren Schichten von eingekleisterten Papierschnipseln. Dann bedecken sie den Körper mit einer dicken Kleisterschicht und glätten die Oberfläche mit den Händen.

Nach dem Trocknen bemalen sie die Kugel in der gewünschten Farbe. Vier verdrehte Pfeifenputzerhälften werden mit Klebeband unter dem Körper befestigt.

Aus vierfach liegenden, ziehharmonikaförmig gefalteten Zeichenpapierstreifen schneiden sie die Augenformen so aus, dass sie zusammenhängend bleiben und sich die beiden Randformen zusammenkleben lassen. Die so entstandenen dachartigen Formen befestigen sie auf ihrer Spinne. Schwarze Pupillen, Mund und Zunge aus Tonpapier vervollständigen die Figuren.

FARBENFRESSER

Weiße Wachsmalstiftzeichnung auf Schwarz, Collage

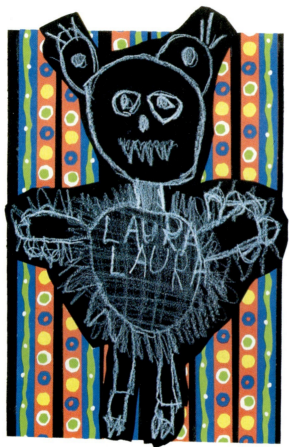

MATERIAL

Tonkartons DIN A4, Klebestifte, Luftschlangen
mit verschiedenen Mustern, schwarze Tonpapiere
25 x 35 cm, weiße Wachsmalstifte, Scheren

DURCHFÜHRUNG

Im ersten Arbeitsschritt wird ein farbenprächtiger Hintergrund gestaltet. Vorsichtig aufgeschnittenen Luftschlangenpackungen können große zusammenhängende Luftschlangenteile entnommen und auf mit Klebestiften eingestrichenen Kartons dicht nebeneinander befestigt werden.

Die Kinder überlegen, was ein „Farbenfresser" bewirken könnte. Mit weißem Wachsmalstift stellen sie ein solches Ungeheuer raumfüllend auf schwarzem Tonpapier dar und differenzieren es weiter aus.

Sie schneiden ihre Figur mit schmalem schwarzem Rand aus und befestigen sie auf dem bunten Untergrund. Überstehende Teile verstärken dabei den Eindruck einer Bedrohung.

TIPP

Der Hintergrund kann statt mit Luftschlangen auch mit bunten Tapetenresten oder Geschenkpapieren gestaltet werden.

Wenn Kinder ein bedrohliches Motiv selbst bearbeiten können, verliert dieses seinen Schrecken. Sie erfahren, welche Elemente eine „gruslige" Wirkung erzeugen und erkennen diese Bestandteile auch in anderen Situationen wieder. Das befähigt sie, Dinge, vor denen sie sich früher gefürchtet haben, nun distanziert betrachten und analysieren zu können.

287

XII. ERPROBEN – ERFAHREN

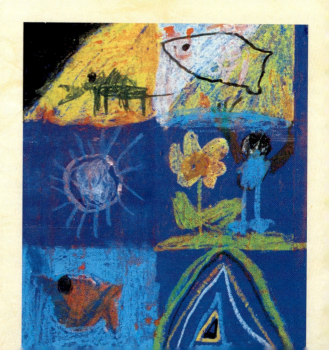

Bekannte Phänomene in neuen Zusammenhängen zu erfahren, mit Farben und Formen spielerisch umzugehen und verschiedene Zusammenstellungen auszuprobieren, schult die künstlerischen Fähigkeiten der Kinder und regt sie zu kreativem Gestalten an. Sie lernen durch den fantasievollen Umgang mit gestalterischen Elementen weitere Ausdrucksformen kennen, die ihre Wahrnehmung und Abstraktionsfähigkeit fördern. Der Umgang mit klassischen Kunstwerken

macht Kinder mit den Werken und den Stilen bekannter Maler vertraut und entführt sie in eine vollkommen neue Welt. Auf ihrer Reise durch die verschiedenen künstlerischen Epochen werden sie für die große Vielfalt kreativer Ausdrucksmöglichkeiten sensibilisiert. Im Anschluss daran erfahren Kinder, wie sie solche Bilder mit ihren Fähigkeiten und Fertigkeiten selbstständig umsetzen können und erleben auf diese Weise große Künstler und deren Werke hautnah.

RIESENDRACHE

Verschiedene grafische Mittel

MATERIAL

Zeichenpapiere DIN A3, Wolle, Fasermaler, Bleistifte, Wachsmalstifte, Tonpapier- und Filzreste, alles in Schwarz, Scheren, Klebestifte

DURCHFÜHRUNG

Ein formatfüllender Drache soll dargestellt werden. Die Kinder fahren seine Umrisse zunächst mit dem Finger auf dem Zeichenblatt vor, damit er nicht zu klein wird. Haben sie den Körper gezeichnet, ergänzen sie ihn mit Kopf, Schwanz und Beinen.

Sie versehen ihn rundum mit Stacheln, Zacken oder Schuppenformen.

Für die differenzierte Gestaltung seiner Innenfläche entwerfen sie grafische Muster und versuchen dabei, möglichst viele unterschiedliche Materialien zu verwenden. Musterreihen sollten dabei immer von einem Rand zum anderen reichen.

TIPP

Die freie Auswahl unter mehreren Arbeitsmitteln zu haben, wirkt auf die meisten Kinder sehr anregend. Auf diese Weise machen sie sich fast spielerisch mit den Eigenheiten verschiedener grafischer Mittel vertraut.

STOFFBLUMEN AUF PAPPTELLERN

Applikation

MATERIAL

Rechteckige Pappteller 13 x 20 cm mit bemaltem Rand (Plaka-Farbe) und aufgeklebtem Innenteil aus Filz, klein gemusterte Stoffreste, Filz in verschiedenen Farben, Zackenlitzen, Klebestifte, Scheren

DURCHFÜHRUNG

Die Kinder schneiden ein klein gemustertes Stoffstück als Blütenboden möglichst rund. Sie kleben es so in den Pappteller, dass rundum noch genügend Platz für die Blütenblätter bleibt.

Sie setzen einen grünen Filzstängel an, der bis zum unteren Rand reicht und ergänzen ihn mit Blattformen. Sie können einen zackig eingeschnittenen Filzstreifen als Grasrand hinzufügen.

Für die Blütenblätter verwenden die Kinder sowohl farbigen Filz, den sie aus breiteren Streifen zu schmalen Dreieckformen zurechtschneiden, als auch Zackenlitzen. Alle Teile kleben sie so rund um das Blüteninnere, dass keine Abstände bleiben und ein regelmäßiges Muster erzielt wird.

TIPP

Pappteller können als Bildträger für viele Gestaltungsideen dienen. Dabei ist die Verwendung von besonderen Papieren, Folien oder Wellpappestücken möglich, da nur kleine Mengen gebraucht werden.

SEESTERN
Foliendrückarbeit

MATERIAL
Prägemetall-Bleche 0,15 mm stark, 21 x 21 cm, Holzschabegriffel, dicke Papierunterlagen, kleine Schablonen-Fünfecke, Scheren, schwarzer Tonkarton als Untergrund, Alleskleber

DURCHFÜHRUNG
Etwa in der Mitte des Blechquadrats umfahren die Kinder die kleine Fünfeck-Schablone. Aus jeder Seite „wächst" ein geschwungener Arm, der in einer Spitze endet. Dabei sollte das Format möglichst genutzt werden.

Mit festem Druck betonen die Kinder die Umrisse. Danach gestalten sie das Innere des Seesterns sorgfältig mit kleinen Strichen, Kreisformen oder Zickzacklinien.

Sie schneiden die Gestaltung aus und lassen dabei rundum einen kleinen Rand stehen. Die Seesterne können auch als Gruppenarbeit auf schwarzem Karton befestigt werden.

TIPP
Der Seestern kann auch Mittelpunkt einer Unterwasser-Collage auf blauem Grund sein. Kleine Prägefische und Wasserpflanzen füllen dann das Werk weiter aus.

FANTASIEWESEN

Holzplastik

MATERIAL

ALS-Creativ Spiel- und Bastelhölzer, Wäscheklammern, Holzzwirnrollen, Holzlinsen und -kugeln (mit Halbbohrung), Wackelaugen Ø 7 mm, schwarze Kartonreste, Scheren, Bastelkleber

DURCHFÜHRUNG

Spielerisch setzen die Kinder eine Fantasiefigur zusammen. Sie können sie liegend oder gleich stehend aufbauen. Zum Schluss sollte sie allerdings aufgestellt werden können.

Die Holzlinsen werden zuerst mit Wackelaugen beklebt. Wenn diese fest sitzen, können die Linsen an den vorgesehenen Stellen befestigt werden.

Aus schwarzen Kartonstücken schneiden die Kinder Einzelheiten wie Schuhformen, Bärte, Schwanzfedern oder Schnäbel zurecht und bringen sie an ihrer Figur an.

ROBOTER

Karton- und Foliencollage

MATERIAL

Schwarze Tonkartons DIN A4, silbern beschichtete
Aschenbecher aus Karton, Alufolie, Tonkartonreste
in Silber und Schwarz, selbstklebende Markierungspunkte in Schwarz und Weiß (verschiedene Größen),
Scheren, Klebestifte

DURCHFÜHRUNG

Von den Kartonaschenbechern wird sorgfältig der
Rand entfernt. Aus dem Innenteil schneiden die Kinder eine Bauchform zurecht, die sie auf dem

schwarzen Grund anbringen. Aus den gerippten
Rändern und den muschelartigen Eckstücken entstehen Beine und Füße, Hände und Ohren. Für die
Arme lassen sich Alufolienstücke zu länglichen Formen zusammendrücken und unter die Körperplatte
schieben.

Mit den restlichen zur Verfügung stehenden Arbeitsmitteln gestalten die Kinder ihre Figur möglichst fan-
tasievoll weiter aus. Sie achten darauf, vor allem bei
den Augenformen deutliche Hell-Dunkel-Kontraste zu
erzielen.

295

ES LEUCHTET KUNTERBUNT

Collage aus Folienstücken

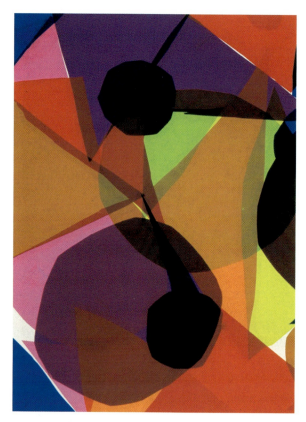

DURCHFÜHRUNG

Reste farbiger Fensterfolie schneiden die Kinder zu geometrischen Figuren, wobei Dreiecke und Kreisformen überwiegen sollten.

Sie befestigen sie auf den Folienplatten und versuchen dabei, helle und dunklere Teile gleichmäßig zu streuen. Zwischendurch halten sie ihre Arbeit immer wieder ans Licht.

MATERIAL

Reste von glasklarer selbsthaftender Fensterfolie, Scheren, glasklare PVC-Fensterfolienplatten DIN A4, Schneidemaschine

Sobald sich die Formen überschneiden, ergeben sich ganz neue Farbabstufungen, die zwar noch nicht beabsichtigt sind, aber interessiert zur Kenntnis genommen werden. Mit der Schneidemaschine erhalten die Werke zum Abschluss gerade Ränder.

TIPP

Die Fensterfolie lässt sich immer wieder problemlos vom Untergrund abziehen und neu verwenden. Aus diesem Grund ist es günstig, mit geometrischen Formen zu arbeiten, die auch bei anderen Themen als Bauteile eingesetzt werden können.

297

UNSER FARBENTEPPICH
Deckfarbenmalerei, Gemeinschaftsarbeit

MATERIAL
Zeichenpapiere DIN A3, Deckfarben, große Tonpapiere als Untergrund

DURCHFÜHRUNG
Diese Arbeit eignet sich besonders gut als Ein-
führung in das Malen mit Deckfarben. Die Kinder füllen mit hellen leuchtenden Farben aus dem Deckfarbkasten ihr Blatt lückenlos.

Wichtig ist, dass sie den Pinsel immer wie-der gründlich reinigen und einen Mallappen zum Trocknen verwen-den. Noch feuchte Farbflächen dürfen ein-ander nicht berühren!

Die fertig gestellten Arbeiten werden dicht nebeneinander gelegt, verschoben und ausge-tauscht. Stellt die An-ordnung zufrieden, wer-den die Teile lückenlos nebeneinander geklebt.

EINE ERFUNDENE BLUME
Wachsmalerei auf Schleifpapier

MATERIAL
100er Korund-Schleifpapier 18 x 25 cm, Wachsmalstifte

DURCHFÜHRUNG
Ein Blütenboden in der oberen Hälfte des Blattes bildet den Anfang. Die Kinder malen ihn sorgfältig aus, bis der gekörnte Untergrund nicht mehr durchscheint.

In kontrastierenden Farben schließen sich Reihen von Blütenblättern an und reichen schließlich bis zum Rand des Papiers. Sorgfältiges Ausmalen erhöht die Leuchtkraft der Farben.

Ein Stängel reicht bis zum unteren Blattrand und wird mit großen grünen Blattformen versehen. Den Hintergrund füllen die Kinder schwarz aus, wobei der braune Untergrund noch durchschimmern darf.

TIPP
Die Körnung des Schleifpapiers nimmt relativ viel Farbe auf und führt zu ganz neuen Effekten. Möglich wäre auch eine abstrakte Gestaltung mit Dreiecken, Kreisen oder Rechtecken.

ZAUBERTUCH
Ölkreidenmalerei mit Deckfarbe

DURCHFÜHRUNG

Die Kinder unterteilen das Blatt weiter, indem sie es einmal quer und dann noch jeweils einmal zur Mitte hin falten. Der Untergrund ist nun in zwölf Felder eingeteilt.

Jedes dieser Felder soll mit einem gegenständlichen oder rein dekorativen Element geschmückt werden. Die Kinder verwenden dafür die Ölkreiden mit festem Druck und arbeiten daran an mehreren Tagen.

Mit wässrig angerührter Temperafarbe überziehen sie schließlich das ganze Werk in einem kontrastierenden Ton. Farbspuren, die auf der Ölkreidenmalerei und vor allem auf dem Untergrund haften bleiben, verleihen den Bildern eine einheitlich wirkende Note.

MATERIAL

Tonpapiere in dunklen Farben 35 x 50 cm zweimal längs gefaltet (siehe Zeichnung), Riesentemperablöcke, breite Flachpinsel, Pastell-Ölkreiden, Schwämmchen

REGENBOGENHAUSEN
Faltarbeit

MATERIAL
Quadrate aus Regenbogen-Laternenzuschnitten 12 x 12 cm bis 15 x 15 cm, schmale Streifen aus dem gleichen Papier 1,2 cm bis 1,5 cm breit, Scheren, Klebestifte

DURCHFÜHRUNG
Nach Faltanleitung (siehe Seite 227) stellen die Kinder die kleinen standfesten Häuser her. Dabei kommt es sehr auf Genauigkeit an, da nicht sauber gefaltete Linien auf dem steifen Transparentpapier unschöne Linien hinterlassen.

Sie achten auch auf den Farbverlauf des Papiers. Dieser muss so gewählt werden, dass die Dächer schließlich eine andere Farbe als die Häuser selbst bekommen.

Von kontrastierenden Papierstreifen des gleichen Materials schneiden sie kleine Rechteckformen ab und kleben sie als Fenster, Türen und Schornsteine an ihre Häuser.

TIPP
Besonders gut zur Geltung kommen diese Faltarbeiten, wenn sie gemeinsam vor einem Fenster oder einer anderen Lichtquelle aufgestellt werden.

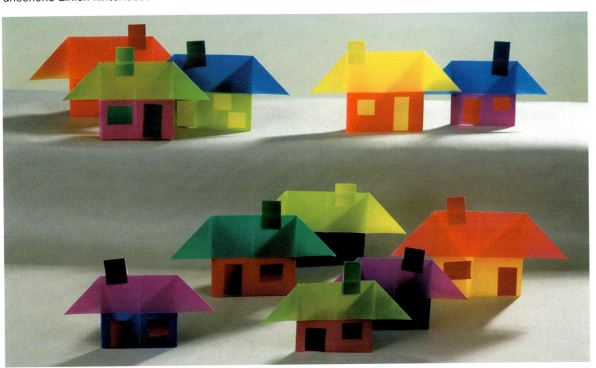

FILTERBLÜTEN

Deckfarben-,
Ölkreidenmalerei,
Collage

MATERIAL

Kaffee-Filtertüten,
Deckfarben, Pastell-
Ölkreiden, dunkel-
grüne Tonpapiere
25 x 35 cm als Unter-
grund, Klebestifte,
Scheren

DURCHFÜHRUNG

Der Reihe nach feuchten die Kinder mehrere auseinander geschnittene Filtertüten kräftig an und lassen Tupfen von hellen leuchtenden Farbtönen darauf verlaufen. Die Farben können bis zu den Rändern reichen.

Dann malen sie in einem etwas dunkleren Ton einen runden Blütenboden. Auch hierbei darf die Farbe verlaufen.

Nach dem Trocknen gestalten die Kinder die Tütenhälften mit Ölkreiden weiter aus, bis deutliche Blütenformen entstehen. Diese schneiden sie aus, ordnen sie mit Überschneidungen auf dem grünen Untergrund an und kleben sie fest.

TIPP

Das Faszinierende an der Technik ist das nicht richtig steuerbare Verlaufen der Deckfarben auf den Filterpapieren. Dabei lässt die Farbintensität zwar stark nach und führt zu zarten Pastelltönen, aber die Ölkreidenzeichnung kann für die erwünschten Qualitätskontraste sorgen.

BUNTES WANDBILD
Collage mit plastischen Teilen

Eine Papierschneidemaschine sorgt für gerade Ränder bei den Collagen.

Die Kinder erfahren, wie sich aus einfachen Papierstreifen plastische Gebilde wie Ringe, Ziehharmonika- oder Dreieckformen falten und kleben lassen. Einige dieser Faltarbeiten befestigen sie auf ihrem farbigen Untergrund, wobei sie bewusst auf eine gleichmäßige Verteilung der Formen verzichten.

MATERIAL
Mit der Papierschneidemaschine hergestellte Rechteckformen aus Geschenkpapierresten, Tapeten, Ton- und Regenbogenpapieren, Aktendeckelkarton-Quadrate 35 x 35 cm, Kopierpapierstreifen in verschiedenen Breiten und Längen, Scheren, Klebestifte

DURCHFÜHRUNG
Aufgabe ist es, den ganzen Untergrund mit farblich miteinander kontrastierenden Papierrechtecken zu füllen, keine Lücken zu lassen und für eine ausgeglichene Verteilung der Farbtöne zu sorgen. Da auch nachträglich Papiere überklebt werden können, ist die Wirkung leicht steuerbar.

TÄNZERIN nach Edgar Degas
Materialplastik

MATERIAL
Abbildung einer Tänzerin von E. Degas (hier: „Danseuses", Hill-Stead-Museum, Farmington, Connecticut), Streifen aus naturfarbener Mikrowellpappe 30 x 5 cm und 23 x 5 cm, gemusterte Tapetenreste, Seidenpapiere in Weiß, Hell- und Dunkelrosa, Kreisschablonen Ø 15 cm, weiße Wattekugeln Ø 2 cm, Märchenwolle in Haarfarben, Reste von Tortenspitzen, weiße Pfeifenputzer etwa 40 cm und 18 cm lang, Fasermaler in Schwarz und Rot, Faden, Nadel, Bleistifte, Scheren, Klebestifte

DURCHFÜHRUNG
Nach genauer Betrachtung und Besprechung des Bildes soll eine kleine Tänzerin gestaltet werden, die den Eindruck von Bewegung vermittelt, wie sie auf dem großen Vorbild zum Ausdruck kommt.

Die Kinder knicken ein längeres Pfeifenputzerstück in der Mitte und verdrehen es dort. Darüber schieben sie die drei kreisrunden Rockteile, die sie aus

verschiedenfarbigen Seidenpapieren zugeschnitten haben.

Sie fügen ein kürzeres Pfeifenputzerstück als Armteil ein und befestigen auf dem verdrehten Ende den Wattekugelkopf. Er erhält eine Frisur aus Märchenwolle und mit Fasermalern aufgemalte Gesichtszüge. Mit Tortenspitzenresten bekleben sie Brust und Rücken und fädeln durch das Haarteil einen langen Faden.

Den Rahmen für ihre Tänzerin stellen sie aus doppelt liegenden Wellpappestreifen her. Sie fassen beidseitig ein wellig geschnittenes Tapetenstück ein und befestigen den Faden so dazwischen, dass sich die Figur innerhalb des Rahmens befindet.

Durch leichtes Falten bringen sie die Röcke in Form. Zum Schluss verbiegen sie alle Enden der Pfeifenputzer so, dass die Tänzerin nicht mehr am Rahmen anstößt und ihre Arme und Beine deutlich die Bewegung erkennen lassen.

BÄUERIN nach Vincent van Gogh

Malerei mit Schulmalfarben

MATERIAL

Gemälde einer Bäuerin von Vincent van Gogh (hier: „Bäuerin mit Strohhut, vor einem Getreidefeld sitzend", Auvers, Juni 1890), weiße Zeichenkartons 44 x 63 cm, Schulmalfarben, Streifen gelber Mikrowellpappe 3–3,5 cm breit, Klebestifte

DURCHFÜHRUNG

Die Kinder beschreiben die Abbildung genau und gehen dabei auf den gelben Hut mit seiner grünen Schleife, auf die Gesichtsfarbe der Bäuerin, die blaue, mit roten Tupfen übersäte Bluse und die gelbe Schürze ein. Sie beachten auch das einfach durch Längsstreifen dargestellte Kornfeld mit den angedeuteten Mohnblüten.

Beim Malen beginnen sie aus einem Farbklecks heraus mit der Kopfform, die sie nach Bedarf weiter vergrößern können. Dann stellen sie alles dar, woran sie sich nach der Besprechung noch erinnern können.

Wichtig ist, dass sie das Format ganz füllen und dabei möglichst differenziert arbeiten. Sie sind meist motiviert genug, um das Bild in einem Zug fertig zu stellen.

URWALD nach Henri Rousseau
Ölkreidenmalerei

MATERIAL

Abbildung einer Urwaldlandschaft von Rousseau (hier: „Urwaldlandschaft mit untergehender Sonne – Neger, von einem Jaguar angefallen", um 1909, Basel, Kunstmuseum), hellblaue und grüne Tonpapiere 29 x 35 cm, Pastell-Ölkreiden, Klebestifte, Scheren

DURCHFÜHRUNG

Die Kinder werden besonders auf die unterschiedlichen Pflanzen und ihre sorgfältige Darstellung aufmerksam gemacht.

Sie schneiden aus dem grünen Tonpapier einseitig große Wellen und befestigen es dann auf dem hellblauen Tonpapier.

Bei der Darstellung der Pflanzen beginnen sie immer am unteren Rand und malen auch über das grüne Papier hinaus. Wer möchte, kann auch noch den Mann und das Raubtier darstellen.

Wichtig ist, dass die Kinder freie Flächen füllen und eine möglichst dicht wirkende Gestaltung erreichen.

TIPP

Auch alle anderen Urwaldbilder von Henri Rousseau eignen sich, um einer Bildbetrachtung das Malen eines eigenen Bildes folgen zu lassen.

SCHWARZER PRINZ nach Paul Klee

Schabebild

MATERIAL

Bild von Paul Klee (hier: „Schwarzer Fürst", 1927,
24 (L 4), 33 x 29 cm, Öl und Tempera auf Ölgrun-
dierung auf Leinwand, Kunstsammlung Nordrhein-
Westfalen, Düsseldorf), Regenbogen-Schabekartons
22 x 28 cm, Holzschabegriffel

TIPP

Sehr gut für eine Kunstbetrachtung eignen sich
auch Klees Werke „Beflaggter Pavillon", „Der Gold-
fisch" oder das „Puppentheater".

DURCHFÜHRUNG

Beim Beschreiben des Bildes achten die Kinder vor
allem auf die Attribute, die den Prinzen auszeichnen
und auf die feinen gekratzten Muster in Krone, Kra-
gen und Mond.

Bei der Darstellung eines eigenen Prinzen wollen
die Kinder meist die ganze Figur zeigen. Sie sollten
dabei das Format möglichst füllen. Dies fällt ihnen
am leichtesten, wenn zu Anfang der Kopf in ausrei-
chender Größe angelegt wurde.

Die Arbeiten gewinnen an Ausdruckskraft, wenn die
Kinder wichtige Linien mehrfach und mit Druck nachfahren und teilweise ganze Flächen ausschaben.

NÄCHTLICHE LANDSCHAFT

nach Vincent van Gogh

Ölkreidenmalerei

MATERIAL

Abbildung des Gemäldes von Vincent van Gogh (hier: „Die Sternennacht", 1889, New York, The Museum of Modern Art), dunkelblaue Tonpapiere oder Tonkartons 29 x 35 cm, Pastell-Ölkreiden in Weiß, Schwarz und verschiedenen Gelb-, Grün-, Braun- und Blautönen

DURCHFÜHRUNG

Die Kinder erkennen sofort Mond und Sterne und versuchen, deren Darstellung genau zu beschreiben. Sie richten ihr Augenmerk auch auf die Malweise, auf die vielen geschwungenen Linien, auf das Dorf mit dem Kirchturm und auf den großen dunklen Baum im Vordergrund.

Sie beginnen mit einer geschwungenen Linie, die den Horizont bilden soll. Mit weißer Ölkreide malen sie nun den Mond und viele runde Sternformen, die sie anschließend mit Gelb überziehen. Es folgt der Baum, der groß und dunkel zum Himmel ragt, aber überall auch geschwungene Linien aufweist und in sich strukturiert ist.

Für das Anlegen der Bodenflächen und der noch freien Stellen am Himmel verwenden die Kinder kleinere Ölkreidenstücke quer. Es fällt ihnen leicht, auf diese Weise eine malerische Wirkung zu erzielen.

STURZ VOM SCHLITTEN
nach Henri Matisse
Tonpapiercollage

MATERIAL

Abbildung von Henri Matisse (hier: „The Toboggan", 1947), Aktendeckelkartonstücke 33 x 31 cm, schwarze Tonpapiere 33 x 28 cm, Tonpapierstreifen in Braun, Weiß, Lila, Grün, Rot und Gelb 28 x 3–4 cm, blaue Tonpapierstücke DIN A6, kleinere goldfarbene Tonpapierrechtecke, Scheren, Klebestifte, schwarze Holzfarbstifte

DURCHFÜHRUNG

Am besten ist es, die Arbeit in mehrere Schritte aufzugliedern. Als Erstes schneiden die Kinder von den roten und gelben Tonpapierstreifen rechteckige Stücke ab und versehen sie auf möglichst vielen Seiten mit tiefen, v-förmigen Einschnitten. Sie befestigen das schwarze Tonpapier auf dem Aktendeckelkartonstück, sodass beidseitig ein schmaler Streifen frei bleibt, bekleben den unteren Bildrand mit einem braunen Tonpapierstreifen und verteilen darauf die gelben eingeschnittenen Rechtecke. Die roten kommen an den oberen Rand.

Der zweite Arbeitsschritt besteht darin, die restlichen Tonpapierstreifen ein- oder beidseitig wellenförmig einzuschneiden. Bevor die Kinder diese aufkleben, wird die Abbildung noch einmal genau betrachtet und besprochen.

Der sehr vereinfacht dargestellte Schlitten ist auch für die Kinder nachvollziehbar, wenn sie ihn an einem großen Beispiel einmal in normaler Stellung wahrgenommen haben. Sie zeichnen seine Form auf der Rückseite des Goldpapiers vor, schneiden ihn aus und kleben ihn umgestürzt fest.

Ebenso entsteht die einfache Figur aus blauem Tonpapier, die durch die Luft wirbelt. Sie darf nicht zu klein dargestellt werden und muss doppelt gezeichnete Arm- und Beinformen besitzen, um ausgeschnitten werden zu können.

HÄNDESCHMUCK

nach Salvador Dalí

Holzfarbstiftzeichnung, Collage

MATERIAL

Schwarz-Weiß-Abbildungen der von Dalí entworfenen Schmuckstücke (hier: „Hand als geädertes Blatt" und „Hände als geäderte Blätter", © Salvador Dalí. Foundation Gala–Salvador Dalí/VG Bild-Kunst, Bonn 2004, siehe auch Seite 312), Fotokopien davon, schwarze Tonpapiere 25 x 35 cm, weiße Holzfarbstifte, Scheren, Klebestifte

DURCHFÜHRUNG

Die Kinder stellen eine formatfüllende menschliche Figur dar und versehen sie mit vielen schmückenden

Einzelheiten. Aus den fotokopierten Blättern schneiden sie mehrere große und kleine Handformen aus. Dabei lassen sie rundum einen schmalen schwarzen Rand stehen.

Ganz ihrer eigenen Fantasie und ihren Vorstellungen entsprechend, bringen sie die „Schmuckstücke" an ihrer Figur an. Diese können zu Händen, zu Füßen, zu Frisuren oder Kleidungsteilen werden. Wichtig sind eine ausgewogene Verteilung und eine ausreichend erscheinende Füllung des Blattes.

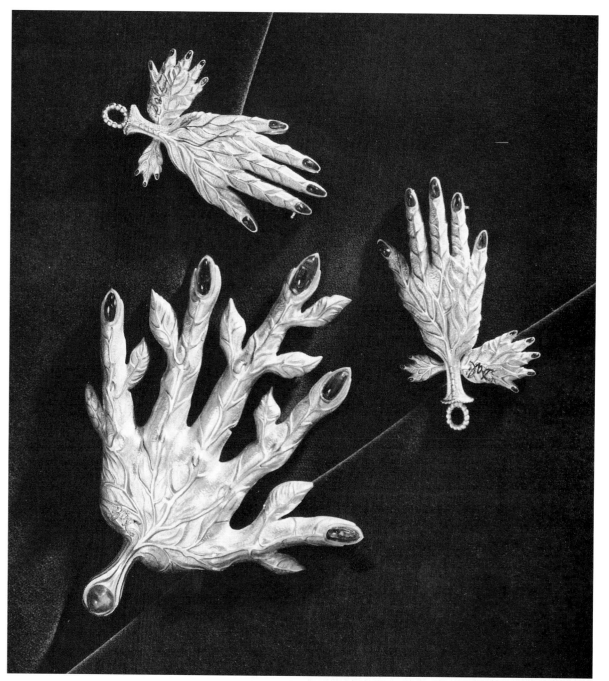